Beauty　　　　　　　　　Psychological Counseling

자신감을 높이는
뷰티테라피와 뷰티심리상담

2024년 최신 정보 수록

한국뷰티상담협회 선정도서

핸뉴북스　　　　　　　　　김미선 지음

머리말

　신은 마음을 먼저 보지만 인간은 먼저 외모를 본다. 요즘을 흔히들 이미지 시대라고 한다. 다시 말해 보이고 보여주는 것으로 승부하는 시대다. 아무리 근사하고 알찬 선물이라도 초라한 포장지에 담겨 있으면 풀어보고 싶지 않다. 수십 년 동안 인품과 교양을 갈고 닦고, 수천 권의 책을 읽었어도 타인에게 첫인상이 판단되는 데 걸리는 시간은 겨우 6초다. 6초면 그 사람의 얼굴, 옷, 말투나 행동 등에서 보이는 외형적인 것에 의하여 모든 것을 결정한다. 6초면 사람의 인생이 결정되는 셈이다.

　젊고 아름답고 멋지게 보이고 싶은 것은 인간의 절대적인 본능이다. 현대인들은 성공하기 위하여 화장, 머리스타일 바꾸기, 옷과 액세서리 등 패션은 물론 성형수술에까지 도전해 자신의 매력을 최대한 극대화하고 내 안의 또 다른 나를 꺼내려 한다. 최근엔 연예인이나 정치인, 경영자들만이 아니라 보통 사람들에게도 스스로를 진단해 이미지를 업그레이드 시켜주는 이미지 컨설팅 회사들이 성업 중이다. 이런 곳들을 찾아가면 체형 분석, 이미지 진단, 성격 분석, 컬러 진단, 얼굴형 분석, 헤어스타일 컨설팅, 패션 스타일 연출, 스피치 진단과 자세 교정 등의 이미지 메이킹에 도움을 받을 수 있다.

　뿐만 아니라 자신을 돋보이고, 자신감을 높이기 위하여 뷰티에 대한 관심도 증가하고 있다. 이를 위하여 각종 화장품이 출시되고 있으며, 새로운 디자인의 의류와 액세서리가 출시되고 있다. 이처럼 수많은 화장품, 의류, 액세서리의 등장으로 인하여 오히려 소비자는 상품을 선택하는데 어려움을 호소하고 있다. 이러한 어려움을 해결하기 위하여 새로운 분야로 뷰티컨설팅, 뷰티테라피, 뷰티 심리상담 등도 등장하였다.

이처럼 현대인들이 많은 시간과 돈을 투자해서라도 이미지 향상에 관심을 기울이는 것은 그만큼 뷰티나 이미지가 사회생활에서 중요한 역할을 하기 때문이다. 현대 사회를 무한 경쟁 사회라고들 한다. 이러한 사회 속에서 생존하고 나아가 자신이 원하는 취업이나 성공의 목표에 도달하기 위해서는 남과 다른 무엇이 외모로 나타나야만 하는 시대가 온 것이다.

　그러나 뷰티 컨설팅이나 이미지 메이킹을 통해서 단순하게 화장과 옷차림의 변화만으로 전혀 멋있는 사람으로 만드는 작업도 중요하지만, 진정한 나의 개성과 특성을 파악해 내 안의 무한한 잠재력과 매력을 발굴해 나갈 때 진정 의미 있는 것이라 할 수 있다. 사회는 보편적인 뷰티나 이미지를 원하는 것이 아니라 각각의 개성에 맞는 뷰티나 이미지를 만들어 나갈 때 진정으로 아름다운 사람이 될 수 있다.

　따라서 이 책은 뷰티나 이미지 메이킹에 관련된 내용들을 종합하여 제공하고 있으며, 이들을 통하여 기본 원리를 깨달아 어떤 자리에서 누구나 빛나게 성공할 수 있는 뷰티, 이미지 메이킹 방법을 제시하고 있다. 이 책을 통해 내면에 있는 장점을 발굴해 아름다운 사람이 되어 원하는 목표를 달성하기를 기원한다.

지은이 김미선

목 차

머리말 ··· iii
차 례 ··· v

제1장 뷰티 심리상담의 정의와 비전 ·· 1
   1. 뷰티 심리상담 ··· 3
   2. 뷰티 테라피 ··· 4
   3. 뷰티 심리상담의 효과 ··· 6
   4. 뷰티 심리상담 대상 ··· 9
   5. 뷰티 심리상담사 ·· 11

제2장 색채 심리 ·· 13
   1. 색의 개념 ·· 15
   2. 색상 ·· 16
   3. 명도 ·· 18
   4. 채도 ·· 19
   5. 색상 ·· 20
   6. 색의 성질 ·· 22
   7. 색채 심리 ·· 24
   8. 칼라테라피 ··· 27

제3장 피부 기초 이론 ··· 29
   1. 피부의 정의 ··· 31
   2. 표피의 구조 ··· 32
   3. 진피 ·· 35
   4. 피하조직 ·· 37
   5. 피부의 작용 ··· 38
   6. 피부 타입과 관리 방법 ·· 39
   7. 각질층 제거(필링) ·· 42
   8. 피부 타입별 기초 화장법 ·· 43

제4장 메이크업 ·· 45

  1. 자신을 업그레이드하는 메이크업 ························ 47
  2. 메이크업의 역사 ·· 48
  3. 한국의 메이크업 역사 ····································· 51
  4. 메이크업의 기본 원리 ····································· 55
  5. 자신을 아름답게 하는 메이크업 코디네이션 ········· 56
  6. 메이크업 도구 ·· 57
  7. 메이크업 베이스 ··· 63
  8. 파운데이션 ·· 64
  9. 파우더 ·· 65
  10. 아이섀도 ··· 66
  11. 아이브로우 ·· 67
  12. 아이라이너 ·· 69
  13. 마스카라 ··· 74
  14. 눈의 모양에 따른 교정기법 ···························· 75
  15. 립스틱 ·· 79
  16. 블러셔 ·· 81

제5장 상황에 따른 기초 메이크업 ··············· 83

  1. 네추럴 메이크업 ·· 85
  2. 계절 메이크업 ·· 86
  3. 한복 메이크업 ·· 87
  4. 파티 메이크업 ·· 88
  5. 스포츠 메이크업 ··· 90
  6. 섹시 메이크업 ·· 91

제6장 패션 ·· 93

  1. 패션의 정의 ··· 95
  2. 컬러에 따른 연출법 ······································· 96
  3. 컬러와 패션 스타일 ······································· 98
  4. 체형의 결점을 커버하는 패션 연출 ··················· 100
  5. 여성 정장 입기 ·· 104
  6. 계절에 따른 옷차림 ······································· 105
  7. 상황에 맞는 옷차림 ······································· 106

8. 멋쟁이를 위한 옷차림 방법 ·········· 107
9. 개성을 표현하는 옷차림 ············ 110
10. 체형별 스커트 코디법 ············· 114
11. 스타킹 ···························· 116
12. 남성 정장 입기 ··················· 119
13. 드레스 셔츠 ······················ 121
14. 넥타이 ··························· 125
15. 넥타이 핀과 커프 링크스 ·········· 134

제7장 액세서리 ·········· 135

1. 귀걸이 ···························· 137
2. 팔찌 ····························· 140
3. 팔찌 ····························· 141
4. 반지 ····························· 142
5. 모자 ····························· 144
6. 손목시계 ························· 148
7. 안경 ····························· 149
8. 선글라스 ························· 151
9. 스카프 ··························· 153
10. 머플러 ··························· 154
11. 목걸이 ··························· 158
12. 가방 ····························· 160
13. 여성 구두 ························ 163
14. 남성 구두 ························ 163
15. 벨트 ····························· 170
16. 양말 ····························· 171
17. 향수 ····························· 172

제8장 이미지 메이킹 ·········· 179

1. 얼굴은 인생을 반영한다 ············ 181
2. 이미지가 인생을 바꾼다 ············ 182
3. 성공하는 이미지로 디자인 할 수 있나 · 183
4. 이미지 메이킹이 필요한 사람 ········ 185
5. 첫인상의 중요성 ··················· 187
6. 이미지는 첫인상이다 ··············· 188

7. 시간의 경과에 따라 바뀌는 이미지 ·· 190
8. 좋은 이미지는 마음에서부터 ··· 191
9. 좋은 이미지는 만들 수 있다 ·· 192
10. 이미지를 좋게 하는 응급조치 ·· 193
11. 외모보다는 표정에 투자하라 ··· 195
12. 좋은 표정은 웃음으로부터 시작 ··· 196
13. 웃음 앞에는 불가능이 없다 ··· 197
14. 미소의 달인 되는 방법 ··· 198
15. 눈도 의사 표현을 한다 ··· 201

제9장 비즈니스 매너 · 203

1. 에티켓(Etiquette) ·· 205
2. 매너(Manners) ·· 206
3. 서비스(Service) ··· 207
4. 인사 예절 ·· 208
5. 인사 예절 ·· 210
6. 상황별 인사 예절 ·· 212
7. 출퇴근 인사 예절 ·· 214
8. 호칭 예절 ·· 215
9. 소개 예절 ·· 218
10. 악수 예절 ·· 221
11. 명함 예절 ·· 223
12. 파티 매너 ·· 224

참고 문헌 · 227

저자 소개 · 228

01 뷰티 심리상담

뷰티는 영어 단어 beauty에서 온 말로, 아름다움과 관련된 모든 것을 포괄하는 개념이다. 뷰티 심리상담은 뷰티(미용)와 심리상담을 결합한 개념으로, 외모와 관련된 심리적인 문제를 해결하고 자기 이미지를 긍정적으로 개선하는 것을 말한다. 뷰티 심리상담은 개인의 외적 아름다움뿐만 아니라 내적 자아 존중감과 정신 건강을 향상시키는 것을 목표로 자신을 더 아름답게 느끼고, 자존감을 높이며, 전반적인 심리적 행복을 증진시킨다.

뷰티 심리상담의 주요 내용은 다음과 같다.

- 피부 및 뷰티에 대한 고민 해결 : 피부 트러블, 뷰티 불만족, 메이크업 어려움 등 다양한 피부 및 뷰티 관련 고민을 전문적인 지식과 경험을 바탕으로 함께 해결해 나간다.
- 자신감 향상 : 낮은 자존감, 부정적인 자기 이미지, 타인과의 비교 등으로 인한 자신감 저하 문제를 해결하고, 자신을 있는 그대로 사랑하고 존중하는 방법을 익힌다.
- 긍정적인 마인드 구축 : 부정적인 사고방식, 비판적인 자기 인식, 과도한 스트레스 등으로 인한 부정적인 마인드를 개선하고, 긍정적이고 건강한 사고방식을 갖도록 돕는다.
- 내면의 아름다움 발견 : 외모에 대한 지나친 집착에서 벗어나 내면의 가치와 강점을 발견하고, 진정한 아름다움을 정의하는 데 도움을 준다.
- 뷰티 관리 : 개인의 피부 타입, 특징, 생활 방식에 맞는 뷰티 관리 방법을 알려주고, 건강하고 아름다운 뷰티를 유지하는 데 필요한 정보와 지식을 제공합니다.
- 자기 표현 및 소통 능력 향상 : 자신감 있는 자기 표현, 효과적인 소통 능력을 키워 원하는 뷰티를 표현하고, 사회생활에서 긍정적인 관계를 형성하는 데 도움을 준다.

02 뷰티 테라피

뷰티 테라피(Beauty Therapy)는 미용과 관련된 다양한 치료 및 관리 방법을 통해 신체적 아름다움과 심리적 안정을 동시에 추구하는 것을 목표로 하는 분야다. 이는 피부, 모발, 손톱, 신체 관리뿐만 아니라 스트레스 완화와 전반적인 웰빙 증진을 포함한다. 뷰티 테라피의 주요 요소는 다음과 같다.

피부 관리
- 페이셜 트리트먼트 : 클렌징, 스크럽, 마스크, 마사지 등으로 구성되며, 피부의 상태를 개선하고 재생을 촉진한다.
- 레이저 치료 : 주름, 여드름 흉터, 색소 침착 등의 문제를 해결하기 위해 사용됩니다.
- 미세 박피술 : 피부 표면을 부드럽게 하고 재생을 촉진한다.

모발 관리
- 헤어 트리트먼트 : 두피 및 모발 건강을 유지하고 개선하기 위한 다양한 방법을 포함한다.
- 컬러링 및 스타일링 : 모발의 색상과 스타일을 변형하여 개인의 이미지를 변화시킨다.

손톱 및 발 관리
- 매니큐어 및 페디큐어 : 손톱과 발톱의 미적 관리를 포함하며, 손톱 건강을 유지한다.
- 네일 아트 : 다양한 디자인과 색상으로 손톱을 꾸며준다.

신체 관리
- 마사지 : 스트레스 완화와 근육 이완을 위한 다양한 마사지 기법을 사용한다.
- 바디 스크럽 및 랩 : 피부를 부드럽게 하고 독소를 제거한다.

컬러 테라피
- 다양한 색상의 빛을 이용하여 감정을 조절하고, 에너지를 높이며, 면역력을 강화하는 데 도움을 준다.

스톤 테라피
- 따뜻한 또는 차가운 돌을 이용하여 근육 이완, 통증 완화, 혈액 순환 개선 등의 효과를 가져다준다.

웰빙 및 심리적 안정
- 아로마테라피 : 에센셜 오일을 사용하여 심신의 안정을 도모한다.
- 명상 및 요가 : 정신적 평화를 추구하며 신체적 건강도 증진시킨다.

03 뷰티 심리상담의 효과

뷰티 심리상담은 외모와 관련된 심리적 문제를 해결하고 자기 이미지를 긍정적으로 개선하는 것을 목표로 한다. 이를 통해 개인의 자존감을 높이고, 전반적인 심리적 행복을 증진시키고, 자신감을 높이는 데 도움이 된다. 구체적인 기대 효과는 다음과 같다.

자신감 향상
- 적절한 뷰티 관리 : 뷰티 심리상담은 개인의 피부 타입, 특징, 생활 방식에 맞는 뷰티 관리 방법을 알려주고, 건강하고 아름다운 뷰티를 유지하는 데 필요한 정보와 지식을 제공한다. 이를 통해 자신에게 어울리는 뷰티를 관리하고, 자신감을 높일 수 있도록 한다.
- 자신감 있는 자기 표현 : 뷰티 심리상담은 자신감 있는 자기 표현 능력을 키워 원하는 뷰티를 표현하고, 사회생활에서 긍정적인 관계를 형성하는 데 도움을 준다. 이를 통해 자신감 있고 당당한 모습으로 세상에 나아갈 수 있도록 한다.

외모 개선에 대한 고민 해결
- 피부 및 뷰티 불만족 해소 : 뷰티 심리상담은 피부 트러블, 뷰티 불만족, 메이크업 어려움 등 다양한 피부 및 뷰티 관련 고민을 전문적인 지식과 경험을 바탕으로 함께 해결해 나갑니다. 이를 통해 자신에게 맞는 피부 관리 방법을 배우고, 자신감 있는 뷰티를 만들 수 있도록 한다.
- 비현실적인 뷰티 기준 개선 : 뷰티 심리상담은 사회적으로 설정된 비현실적인 뷰티 기준에 대한 부담감을 덜어주고, 자신만의 아름다움을 발견하도록 돕는다. 이를 통해 자신에게 맞는 뷰티를 추구하고, 행복한 삶을 살 수 있도록 한다.

- 건강한 뷰티 관리 습관 형성 : 뷰티 심리상담은 건강하고 지속 가능한 뷰티 관리 습관을 형성하도록 돕는다. 이를 통해 건강하고 아름다운 뷰티를 유지하고, 자신감을 높일 수 있도록 한다.

내면의 아름다움 발견

- 자기 수용 및 존중 : 뷰티 심리상담은 자신의 장점과 단점을 있는 그대로 받아들이고, 자신을 존중하는 태도를 키워준다. 이를 통해 내면의 아름다움을 발견하고, 진정한 행복을 찾을 수 있도록 한다.
- 긍정적인 가치관 형성 : 뷰티 심리상담은 외모에 대한 지나친 집착에서 벗어나 내면의 가치와 강점을 발견하고, 긍정적인 가치관을 형성하도록 돕는다. 이를 통해 자신감 있는 삶을 살아갈 수 있는 기반을 마련할 수 있도록 한다.
- 내면의 평화 찾기 : 뷰티 심리상담은 스트레스, 불안, 우울 등의 부정적인 감정을 관리하고, 내면의 평화를 찾도록 돕는다. 이를 통해 자신감 있고 행복한 삶을 살 수 있도록 한다.

자존감 향상

- 자기 수용 : 자신의 외모를 있는 그대로 받아들이고 긍정적인 시각을 가지게 된다.
- 긍정적인 자기 이미지 형성 : 뷰티 심리상담은 개인의 장점과 매력을 발견하고, 자신감을 낮추는 부정적인 사고방식을 개선하도록 돕는다. 이를 통해 자신을 있는 그대로 사랑하고 존중하는 긍정적인 자기 이미지를 형성할 수 있도록 한다.

심리적 안정 및 스트레스 완화

- 스트레스 감소 : 외모로 인한 스트레스와 불안을 줄이고 심리적 안정을 도모한다.
- 정서적 안정 : 불안, 우울, 긴장 등 외모와 관련된 부정적인 감정을 해소한다.

사회적 관계 개선
- 대인관계 향상 : 외모에 대한 자신감이 높아짐에 따라 사회적 활동과 대인관계가 개선된다.
- 소통 능력 향상 : 자신감 있는 태도로 타인과의 소통이 원활해집니다.

행복감 향상
- 삶의 만족도 증가 : 외모와 심리적 건강이 조화를 이루어 전반적인 삶의 만족도가 높아진다.
- 자기 관리 능력 향상 : 자기 이미지 개선을 위한 꾸준한 노력과 관리를 통해 자기 관리 능력이 향상된다.

심리적 문제 해결 및 예방
- 심리적 문제 해결 : 외모로 인한 집착, 불안, 우울증 등의 심리적 문제를 해결한다.
- 문제 예방 : 미리 상담을 통해 외모와 관련된 심리적 문제를 예방한다.

긍정적 행동 변화
- 건강한 생활 습관 형성 : 긍정적인 자기 이미지를 유지하기 위해 건강한 생활 습관을 형성한다.
- 자기 발전 : 개인의 성장과 발전을 위한 동기 부여가 된다.

뷰티 심리상담은 단순한 외모 개선을 넘어서 심리적 안정과 전반적인 삶의 질을 향상시키는 데 중요한 역할을 한다. 이는 외적 아름다움과 내적 심리적 건강 사이의 균형을 맞추는 데 초점을 맞추고 있다.

04 뷰티 심리상담 대상

 뷰티 심리상담과 뷰티 테라피는 전문가의 도움을 통해 외모와 관련된 심리적 어려움을 해결하고, 자신감을 높이며, 건강한 뷰티 라이프를 영위하도록 돕는 서비스이다. 뷰티에 대한 고민이나 어려움이 있다면 언제든지 전문가에게 도움을 요청하는 것을 추천한다.
 뷰티 심리상담은 피부 트러블이나 뷰티 불만족으로 고민하는 사람, 낮은 자존감이나 부정적인 자기 이미지로 인해 어려움을 겪는 사람, 자신감 있고 긍정적인 뷰티를 원하는 사람, 내면의 아름다움을 발견하고 싶은 사람, 건강하고 아름다운 뷰티를 유지하는 방법을 배우고 싶은 사람, 자신감 있는 자기 표현과 효과적인 소통 능력을 키우고 싶은 사람 등에게 도움이 된다.

외모에 대한 스트레스

 외모에 대한 부담감이나 불안감은 우리의 자존감과 정신 건강에 부정적인 영향을 미칠 수 있다. 뷰티 심리상담은 이러한 부정적인 감정을 이해하고 관리하는 데 도움을 줄 수 있으며, 뷰티 테라피는 스트레스를 해소하고 자신감을 높이는 데 도움을 줄 수 있다.
 특정 외모 문제 : 여드름, 탈모, 비만 등 특정 외모 문제는 심리적 어려움을 유발할 수 있다. 뷰티 심리상담은 이러한 문제와 관련된 부정적인 감정을 다루고, 뷰티 테라피는 피부 관리, 식습관 개선 등 문제 해결을 위한 실질적인 도움을 제공할 수 있다.

외모 변화에 대한 고민

 성형, 다이어트 등 외모를 변화시키는 것은 중요한 결정이며, 심리적으로 많은 고민을 요구할 수 있다. 뷰티 심리상담은 이러한 결정을 내리기 전에 자신의 가치관과 목표를 명확히 하는 데 도움을 줄 수 있으며, 뷰티 테라피는 변화 후 발생할 수 있는 심리적 어려움에 대비하도록 도와줄 수 있다.

뷰티 제품이나 서비스를 선택 고민

다양한 뷰티 제품과 서비스가 출시되면서 어떤 것을 선택해야 할지 혼란스러울 수 있다. 뷰티 심리상담은 자신의 피부 타입과 특성을 이해하고, 이에 맞는 제품과 서비스를 선택하는 데 도움을 준다.

자존감 저하

외모에 대한 부정적인 생각이 자존감 저하로 이어질 수 있다. 뷰티 심리상담을 통해 긍정적인 자기 이미지를 형성하고 자존감을 높일 수 있다. 자신의 외모에 대한 긍정적인 시각을 회복하는 데 도움을 받을 수 있다.

스트레스나 불안이 높은 사람

외모와 관련된 스트레스, 사회적 압박 등으로 인해 불안을 겪는 사람들에게 뷰티테라피가 도움이 될 수 있다. 이러한 테라피는 심신의 안정을 도모한다.

우울증이나 기타 정신 건강 문제를 겪는 사람

우울증이나 기타 정신 건강 문제를 겪는 사람들은 뷰티테라피를 통해 자기 관리를 하면서 심리적 안정감을 찾을 수 있습니다.

이미지 메이킹이 필요한 사람

자신을 변화시키고 싶지만 어떻게 시작해야 할지 모르거나 외모 변화가 두려운 사람들에게 뷰티 심리상담은 실질적인 도움을 줄 수 있다. 또한 외모 관리를 통해 자기 표현을 하고 싶지만, 자신감이 부족하거나 방법을 모르는 사람들에게 유익할 수 있다.

뷰티 심리상담은 단순히 외모를 꾸미는 것을 넘어, 개인의 심리적 건강과 자아 존중감을 높여 삶의 질을 향상시키는 데 중요한 역할을 한다. 이를 통해 사람들은 외적 아름다움과 내적 행복을 모두 추구할 수 있다.

05 뷰티 심리상담사

뷰티 심리상담사는 미용과 심리학 지식을 바탕으로 개인의 자신감 향상, 외모 개선에 대한 고민 해결, 내면의 아름다움을 발견하도록 돕는 전문가이다. 뷰티산업의 발전과 더불어 뷰티 심리상담에 대한 중요성이 점점 더 커지고 있으며, 전문적인 뷰티 심리상담 서비스를 제공하는 뷰티 심리상담사들이 많아지고 있다.

뷰티 심리상담사의 역할

- 피부 및 뷰티 관련 고민 해결 : 피부 트러블, 뷰티 불만족, 메이크업 어려움 등 다양한 피부 및 뷰티 관련 고민을 전문적인 지식과 경험을 바탕으로 함께 해결한다.
- 자신감 향상 및 긍정적인 자기 이미지 형성 : 낮은 자존감, 부정적인 자기 이미지, 타인과의 비교 등으로 인한 자신감 저하 문제를 해결하고, 자신을 있는 그대로 사랑하고 존중하는 방법을 익힌다.
- 내면의 아름다움 발견 및 삶의 질 향상 : 외모에 대한 지나친 집착에서 벗어나 내면의 가치와 강점을 발견하고, 진정한 아름다움을 정의하는 데 도움을 준다.
- 적절한 뷰티 관리 : 개인의 피부 타입, 특징, 생활 방식에 맞는 뷰티 관리 방법을 알려주고, 건강하고 아름다운 뷰티를 유지하는 데 필요한 정보와 지식을 제공한다.
- 자신감 있는 자기 표현 및 효과적인 소통 능력 향상 : 자신감 있는 자기 표현, 효과적인 소통 능력을 키워 원하는 뷰티를 표현하고, 사회생활에서 긍정적인 관계를 형성하는 데 도움을 준다.

뷰티 심리상담사가 되는 방법
- 관련 학과 졸업 : 심리학, 사회복지학, 미용학 등 관련 학과를 졸업하는 것이 일반적이다.
- 전문 교육 및 자격증 취득 : 한국뷰티상담협회에서 주관하는 뷰티 심리상담 관련 교육 과정을 이수하고 자격증을 취득한다.
- 실무 경험 : 뷰티 관련 업체, 상담기관 등에서 실무 경험을 쌓는 것이 유리한다.

뷰티 심리상담사에게 필요한 역량
- 심리학 및 미용학 지식 : 심리학적 이론과 개념, 미용 분야의 지식과 트렌드를 이해하고 있어야 한다.
- 상담 능력 : 클라이언트와의 신뢰 관계를 구축하고, 적극적인 경청과 공감 능력을 바탕으로 효과적인 상담을 진행할 수 있어야 한다.
- 문제 해결 능력 : 클라이언트의 고민을 명확하게 파악하고, 적절한 해결 방안을 제시할 수 있어야 한다.
- 소통 능력 : 클라이언트와 명확하고 효과적으로 소통하고, 상담 과정을 투명하게 인도할 수 있어야 한다.
- 전문성 유지 : 뷰티 심리상담 관련 최신 지식과 트렌드를 꾸준히 학습하고, 전문성을 유지해야 한다.

뷰티 심리상담사의 활동 분야
- 뷰티 관련 업체 : 에스테틱 시설, 스파, 피부과, 화장품 회사 등
- 상담기관 : 심리상담소, 청소년 상담복지센터, 여성상담센터 등
- 학교 : 학교 상담실
- 온라인 상담 : 온라인 상담 플랫폼

01 색의 개념

색은 물체의 표면에 파장이 다른 빛이 반사하는 정도에 따라 시각 계통에서 감지하는 성질의 차이 때문에 나타나는 시각적 특성을 말한다. 색은 색깔, 색채, 빛깔, 빛갈, color 등으로도 불린다. 색은 우리 주변에서 다양한 방식으로 나타나는 시각적 특성이다. 빛의 파장에 따라 인지되며, 인간의 눈은 약 400nm~700nm 파장의 빛을 감지하여 다양한 색을 볼 수 있다.

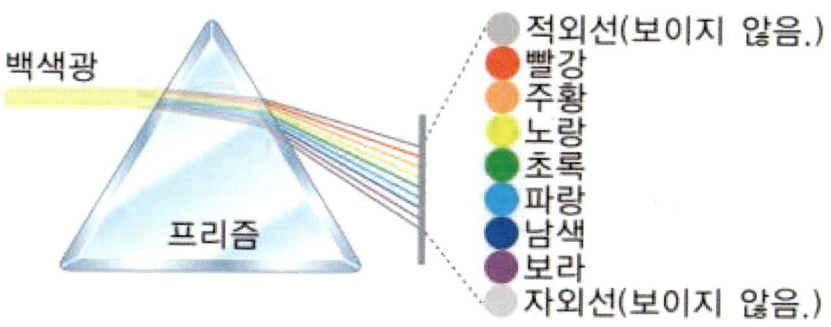

빛을 파장별로 나눈 것을 스펙트럼이라고 하며, 이 중에서 '가시광선'이라고 불리는 특정 주파수 영역대(380~750nm)의 전자기파만이 색으로 감지된다. 시각 능력의 한계 때문에 인간은 그 외의 주파수들을 모조리 볼 수 없다. 또한 빨간색일수록 파장이 길고(780nm), 보라색일수록 파장이 짧다. 빨간색보다 긴 파장의 빛을 적외선[빨강(赤) 바깥(外)쪽의 빛]이라 하며, 보라색보다 짧은 파장의 빛을 자외선[보라(紫) 바깥(外)쪽의 빛]이라 한다. 물론 설명했듯이 이들은 가시광선 영역대를 벗어나는 주파수를 지니므로 눈으로 볼 수 없다.

02 색상

색상은 빛의 파장에 따라 인지되는 시각적 특성이며, 인간의 눈은 약 400nm~700nm 파장의 빛을 감지하여 다양한 색상을 볼 수 있다. 색상은 색명, 즉 색의 이름을 지칭하는 것으로 세계적으로 3,200여 가지 색상이 있다고 하는데, 전문가들이 구분할 수 있는 것으로는 1,600가지 색상이 있다. 우리나라에는 약 300가지 색명이 있다

원색
원색이란 더 이상 분해되지 않는 색, 다른 색과 혼합하여도 만들어지지 않는 색, 원색끼리 혼합하면 무채색(회색)이 되는 색을 말한다. 그리고 원색은 색 중에 가장 기본이 되는 색을 말한다. 빨강, 초록, 파랑을 의미한다. 이 세 가지 색은 서로 섞어 다른 색을 만들 수 있는 기본적인 색이다.

2차색
원색을 두 가지 섞어 만든 색을 의미한다.

빛의 3원색은 주황색, 보라색, 노란색이 여기에 속한다. 빛의 원색을 혼합하면 다음과 같은 색을 만들 수 있다.

- 빨강 + 초록 = 노랑
- 빨강 + 파랑 = 보라색
- 초록 + 파랑 = 파란색
- 빨강 + 초록 + 파랑 = 흰색

물감은 시안, 마젠타, 노랑이 3원색이다. 물감의 원색을 혼합하면 다음과 같은 색을 만들 수 있다.

- 시안 + 마젠타 = 보라색
- 시안 + 노랑 = 초록색
- 마젠타 + 노랑 = 주황색
- 시안 + 마젠타 + 노랑 = 검정색

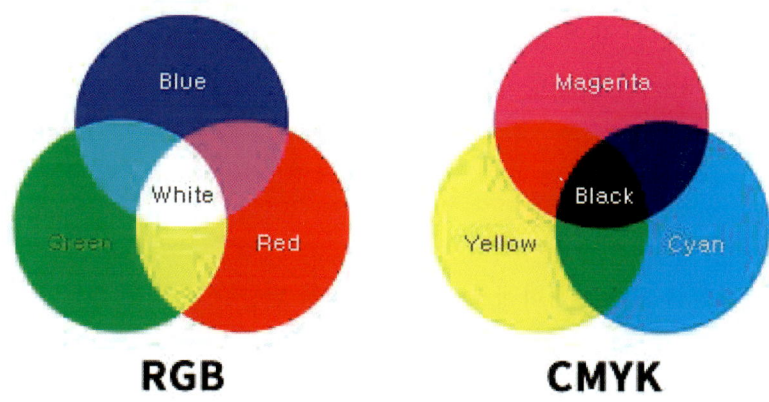

3차색

2차색을 두 가지 섞어 만든 색을 의미한다. 갈색, 분홍색, 보라색 등이 여기에 속한다.

중성색

흰색, 검정색, 회색을 의미한다. 다른 색과 섞어 색상을 어둡게 하거나 밝게 할 수 있다.

온색

빨강, 주황색, 노란색과 같은 따뜻하고 에너지 넘치는 느낌을 주는 색을 의미한다.

한색

파랑, 초록색, 보라색과 같은 차갑고 차분한 느낌을 주는 색을 의미한다.

03 명도

명도는 색의 밝기와 어두움을 나타내는 지표다. 명도가 높을수록 색이 밝고, 명도가 낮을수록 색이 어둡다. 색의 밝고 어둡기를 0에서 10까지 11단계로 나눈 것으로 1~3은 저명도, 4~7은 중명도, 8~10은 고명도로 나눈다. 0은 검정색, 10은 흰색을 나타낸다.

명도 대비

고명도는 가볍고 눈에 선명하게 들어오는 느낌을 받는다. 흰색은 명도 10으로 수치가 높은 것이 환하고 시원한 이미지를 준다. 그러나 저명도는 무겁고 답답하며 가라앉는 느낌을 받는다. 검정색은 명도가 0으로 수치가 낮은 것이 어두운 이미지를 준다.

예를 들어 청색에 흰색을 섞으면 하늘색이 나타난다. 어떠한 색에 흰색을 더 많이 포함시키느냐에 따라 명도는 높아진다. 모든 색에 흰색의 분량을 섞어 명도를 같거나 비슷하게 하여 의상 코디를 하거나 배색을 하였을 때 잘 어울리지 못하는 것을 발견할 수 있다. 그러나 같은 색상에서 명도 차이를 크게 벌어지게 하여 배색을 하면 대단히 어우러지는 효과를 얻게 된다. 그러므로 두가지 이상의 배색으로 조화를 얻고자 할 때는 명도 차이는 크게 하여야 한다.

피부 명도

여자 피부의 평균 명도는 6.5 정도이고, 남자 피부의 평균 명도는 5.5 정도인데, 미녀의 경우 피부의 평균 명도는 7.5 정도, 미남의 평균 명도는 6.5 정도라고 한다.

04 채도

색의 선명도를 나타내는 지표이다. 채도는 색의 맑고 탁하기를 나타내는 것으로 선명도는 14단계로 나눠진다. 1~7까지를 저채도라고 하며 이는 파스텔 톤과 비슷하다. 7~14까지는 고채도라 하며 이는 원색에 가깝다. 유채색의 경우는 선명도가 높으며 무채색의 경우는 선명도가 낮다. 채도가 높을수록 색이 선명하고, 채도가 낮을수록 색이 흐릿해집니다.

채도 대비

고채도인 맑은 색은 신선한 느낌을 주고 탁한 색인 저채도는 안정감이 있고 차분한 느낌을 준다. 예를 들면 청색인 고채도의 색상에 저채도인 진회색을 섞었을 때 회청색으로 청색 보다 채도가 낮아짐을 느낄 수 있다. 고채도 색상의 의상은 봄, 여름철에 어울리고 저채도 색상의 의상은 가을, 겨울에 잘 어울릴 수 있다.

제2장 색채 심리

05 색상

알버트 먼셀(Albert M. Munsell, 1858~1918)은 빨강(Red), 주황(Yellow Red), 노랑(Yellow), 연두(Green Yellow), 녹색(Green), 청록(Blue Green), 파랑(Blue), 청자(Purple Blue), 보라(Purple), 자주(Red Purple) 등을 10원색이라고 하였다.

미국의 화가이자 색채연구가인 앨버트 헨리 먼셀(Albert H. Munsell)이 1929년에 최초로 공개하였고, 1931년 CIE와 1943년 미국 광학학회(OSA)의 측색 학회에서 수정하여 발표한 색체계이다. 먼셀의 10색상환은 Lab보다 먼저 인간의 직감을 기반으로 만든 색체계이며 따라서 Lab 계통 색체계의 원조이다.

10색상환은 색상의 변화를 한눈에 알아보기 위해 10가지 색을 고리 모양으로 배열해 나타낸 것이다. 색깔은 빨강, 주황, 노랑, 연두, 초록, 청록, 파랑, 남색, 보라, 자주 순이며 각 띠에서 마주 보는 색은 보색 관계이다.

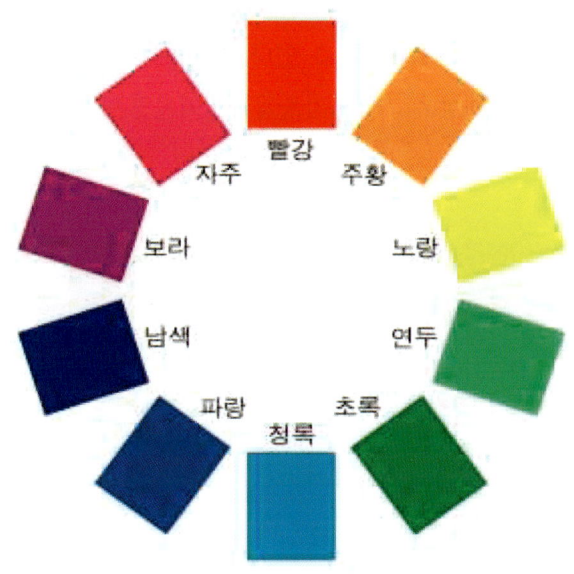

색상환의 12시 방향에 빨강(R)을 기준으로 노랑(Y), 초록(G), 파랑(B), 보라(P) 까지의 5가지 색을 기본으로 하고, 그 사이사이에 중간색인 주황(YR), 연두(GY), 청록(BG), 남색(PB), 자주(RP)를 고른 간격에 배치한 이것이 먼셀의 10색 상환이다. 세분화하면 20, 40, 최대 100색상환까지 가능하다.

난색, 한색 : 계절 메이크업에서는 꼭 신경 써야 할 부분이다.
- 빨강(R) ~ 노랑(Y)까지 난색계
- 청록(BG) ~ 남색(PB)까지 한색계
- 나머지는 중성색

여름철 메이크업에서는 시원하고 가벼운 느낌의 한색 계열로 표현하여야 한다. 파란색 계열을 주조색으로 하고 흰색 계열을 적당히 배합하면 시원하면서도 안정감 있는 여름 색깔을 낼 수 있다. 너무 파란 느낌이 강할 때에는 흰색을 많이 배합하면 튀지 않는 분위기로 표현할 수 있다.

겨울 메이크업에서는 포근하고 부드럽게 표현하기 위해 난색 계열 메이크업을 하여야 한다. 빨강이나 오렌지색 계열 또는 노란색 계열을 이용해 분위기를 연출하면 따뜻한 느낌을 줄 수 있다.

06 색의 성질

주목성

색의 주목성은 자극이 강하여 눈에 잘 띄는 정도를 나타내는 색의 성질이다. 빨강, 주황, 노랑과 같은 따뜻한 색은 주목성이 높고, 파랑, 초록, 보라색과 같은 차가운 색은 주목성이 낮다.

색의 주목성을 이용하면 부각시키고 싶은 부분을 보다 아름답고 이미지가 좋은 것으로 부각시켜 상품 가치나 광고 효과 등을 올릴 수 있다. 유명 브랜드의 광고 중 어떤 색을 보면 쉽게 떠오를 수 있도록 하는 부분도 색의 주목성을 이용한 것이다. 광고탑의 글씨나 네온사인 등도 시선을 모을 수 있는 성질을 살려서 만든 것이다. 메이크업에서는 예쁜 눈에 섀도우, 아이라이너 등을 하여 눈을 또렷하고 보다 크게 보여주어 그 사람의 이미지를 올려주는 성격을 가지고 있다.

수축·팽창

색의 수축과 팽창은 실제 크기는 같지만, 색상의 특성 때문에 서로 다른 크기로 보이는 현상을 의미한다. 색의 수축색은 어둡고 차가운 색, 저명도 등으로 짧고 가늘게 보인다. 색의 팽창색은 밝고 따뜻한 색, 고명도 등은 실제보다 크고 넓게 보인다.

넓은 공간에 진한 색상만으로 장식을 하였을 때 주는 느낌은 협소하고 어두움을 느끼게 하고 좁은 공간이라도 명도가 높은 환하고 선명한 장식으로 연출하였다면 공간에 비해 넓고 시원한 느낌을 보며 색의 수축성과 팽창성을 느낄 수 있다. 베이스 메이크업을 할 때 작고 균형감을 주기 위해 어두운 계열로 얼굴 바깥 쪽을 쉐이딩을 하는 것과 눈이 부어 보이는 눈에 탁한 색의 아이섀도우를 하여 안정감 있게 표현하는 수축성을 이용하는 효과가 있고 팽창 효과를 위해 이마 가운데와 콧대, 눈밑 볼 부분을 환하고 해주는 하이라이트 효과가 있다. 아이섀도우의 표현 시 눈 가운데 동공 부분의 볼록 튀어나온 부분에 밝은색이나 펄이 들어 있는 색을 넣어 팽창되는 느낌을 더 강조할 수도 있다. 눈썹 뼈 부분과 입술 가운데 부분도 밝게 처리하여 전체적인 얼굴의 입체적 효과를 얻을 수 있다.

색의 무게

가벼운 색상은 고명도 계열, 난색 계열, 고채도의 계열이 속하고 무거운 색상은 저명도 계열, 한색 계열, 저채도 계열 색상이다. 검은색 옷을 입은 사람들은 흰색 옷을 입은 사람들보다 자신이 더 무겁게 느낀다. 어두운색으로 칠해진 방은 밝은색으로 칠해진 방보다 더 좁고 답답하게 느껴질 수 있다. 일부 제품들은 소비자에게 더 가볍거나 더 무겁게 느껴지도록 의도적으로 특정 색을 사용한다. 예를 들어, 자동차는 더 가볍고 빠르게 보이도록 빨간색이나 주황색과 같은 밝은색으로 도색될 수 있다.

색의 배색

두 가지 이상의 색들을 섞어 보다 조화롭게 만드는 것을 말한다. 서로 가까운 유사 색끼리의 배색은 자연스럽고, 조화롭고, 편안한 인상을 줄 수 있다. 서로 마주 보는 보색 색상을 사용하는 배색은 강렬하고 대조적인 느낌을 준다.

07 색채 심리

빨간색
- 긍정적 의미 : 열정, 에너지, 사랑, 용기
- 부정적 의미 : 분노, 위험, 공격성

　빨간색은 가장 눈에 잘 띄는 색으로, 흥분과 에너지를 불러일으키는 동시에 위험과 공격성을 상징하기도 한다. 마케팅에서는 브랜드 인지도를 높이고 구매 욕구를 자극하는 데 효과적으로 사용되며, 인테리어 디자인에서는 따뜻하고 활기찬 분위기를 연출하는 데 활용된다. 색채 심리에서는 자극이 필요하거나 활력을 주고자 할 때 사용된다.

주황색
- 기쁨, 긍정, 창의력, 따뜻함, 친근감, 경고

　주황색은 밝고 따뜻한 색으로, 기쁨과 긍정적인 에너지를 전달한다. 또한, 친근감과 접근성을 느끼게 하며, 경고나 주의를 환기하는 데에도 사용된다.

노란색
- 긍정적 의미 : 행복, 낙관, 창의성, 에너지, 명랑함
- 부정적 의미 : 불안, 좌절, 주의, 경계

　노란색은 밝고 명랑한 색으로, 행복과 희망을 상징한다. 또한, 지성과 창의력을 자극하고, 주의와 경계를 상기하는 데에도 사용된다. 색채 심리에서는 기분을 밝게 하거나 창의성을 자극할 때 사용된다.

초록색
- 긍정적 의미 : 균형, 성장, 자연, 평화, 건강, 치유, 안정
- 부정적 의미 : 질투, 나태

초록색은 자연과 성장을 상징하는 색으로, 평온하고 편안한 느낌을 준다. 또한, 건강과 젊음을 나타내기도 하고, 환경보호와 지속가능성과 관련된 이미지를 표현하는 데 사용된다. 색채 심리에서는 휴식과 재충전이 필요할 때 사용된다.

파란색

긍정적 의미 : 평온, 신뢰, 안정, 지혜, 지능

부정적 의미 : 우울, 차가움, 냉담

파란색은 차갑고 진정한 색으로, 평온하고 안정적인 느낌을 준다. 또한, 신뢰와 지혜를 상징하고, 집중력을 높이는 데에도 도움이 된다. 하지만, 너무 차갑거나 우울한 느낌을 줄 수도 있다. 색채 심리에서는 집중력을 높이거나 진정이 필요할 때 사용된다.

보라색
- 긍정적 의미 : 고귀함, 신비, 우아함, 로맨스, 창의력, 명상, 부드러움, 온화함
- 부정적 의미 : 유치함, 우울, 과도한 여성성

보라색은 고귀하고 신비로운 색으로, 우아함과 창의력을 상징한다. 또한, 명상과 영적인 느낌을 주기도 하지만, 너무 어둡거나 우울한 느낌을 줄 수도 있다. 색채 심리에서는 따뜻함과 안정감을 줄 때 사용된다.

흰색
- 긍정적 의미 : 순수함, 청결, 단순함, 완벽, 시작
- 부정적 의미 : 차가움, 비인간적, 빈곤

흰색은 순수하고 청결한 색으로, 단순함과 완벽을 상징한다. 또한, 새로운 시작과 희망을 나타내기도 하지만, 너무 차갑거나 무균적인 느낌을 줄 수도 있다. 색채 심리에서는 공간을 넓어 보이게 하거나 깨끗한 이미지를 줄 때 사용된다.

검정색
- 긍정적 의미 : 권위, 우아함, 신비
- 부정적 의미 : 우울, 죽음, 악, 비밀스러움

검정색은 우아하고 권력적인 색으로, 신비와 격조를 상징한다. 또한, 죽음과 악을 나타내기도 하지만, 너무 어둡거나 무거운 느낌을 줄 수도 있다. 색채 심리에서는 강한 인상을 주거나 고급스러움을 표현할 때 사용된다.

08 칼라테라피

칼라테라피는 색채를 활용하여 신체적, 정신적 건강을 증진시키고 삶의 질 향상을 도모하는 테라피이다. 색채는 각각 고유한 에너지와 파동을 가지고 있으며, 인간의 감정과 행동에 영향을 미친다. 따라서 특정 색상을 보고, 착용하거나, 주변 환경에 적용함으로써 긍정적인 감정을 유발하고, 스트레스를 해소하며, 면역력을 강화하는 효과를 얻을 수 있다. 칼라테라피는 과학적 근거와 더불어 오랜 역사와 전통을 바탕으로 다양한 분야에서 활용되고 있다.

칼라테라피의 종류
- 컬러 샤워 : 특정 색상의 빛을 몸에 비추는 방식이다.
- 컬러 액티비티 : 색상을 활용한 다양한 활동을 통해 스트레스 해소, 창의력 향상, 문제 해결 능력 향상 등의 효과를 얻습니다.
- 컬러 환경 조성 : 주변 환경에 적절한 색상을 활용하여 긍정적이고 편안한 분위기를 조성한다.
- 컬러 푸드 : 특정 색상의 음식을 섭취하는 방식이다.
- 색상 노출 : 특정 색상의 빛을 신체에 비추거나, 색상이 포함된 환경에서 시간을 보낸다.
- 색상 명상 : 특정 색상을 시각화하면서 명상을 통해 색상의 에너지를 흡수한다.
- 색상 활용 : 옷, 액세서리, 실내 장식 등을 통해 일상생활에 색상을 통합한다.
- 아트 테라피 : 색상을 활용한 그림 그리기나 창작 활동을 통해 정서적 치유를 돕는다.

응용 분야
- 심리 상담 및 치료 : 색상을 활용하여 감정 표현과 정서적 치유를 돕는다.
- 인테리어 디자인 : 생활 공간에서 색상을 적절히 사용하여 분위기와 기분을 조절한다.
- 교육 및 학습 : 색상을 활용하여 집중력과 창의성을 촉진한다.

칼라테라피의 효과
- 스트레스 해소 및 이완 : 푸른색, 초록색, 라벤더색 등 차가운 색상은 스트레스를 해소하고, 마음을 편안하게 해주는 효과가 있다.
- 집중력 향상 : 노란색, 주황색 등 따뜻한 색상은 집중력을 높이고, 창의력을 향상시키는 효과가 있다.
- 에너지 증진 : 빨간색, 주황색 등 따뜻한 색상은 에너지를 높이고, 활력을 북돋아주는 효과가 있다.
- 수면 개선 : 파란색, 라벤더색 등 차가운 색상은 숙면을 취하도록 돕고, 수면의 질을 향상시키는 효과가 있다.
- 자존감 향상 : 빨간색, 주황색 등 따뜻한 색상은 자신감을 높이고, 긍정적인 자기 이미지를 형성하는 데 도움이 된다.
- 창의력 향상 : 노란색, 주황색 등 따뜻한 색상은 창의력을 높이고, 새로운 아이디어를 떠오르게 하는 데 도움이 된다.
- 정서적 안정 : 색상을 통해 스트레스와 불안을 완화하고, 마음의 평온을 찾을 수 있다.
- 정신적 명료성 : 색상을 통해 집중력과 정신적 명확성을 높일 수 있다.
- 긍정적 감정 유발 : 색상의 심리적 효과를 통해 긍정적인 감정을 유발하고, 전반적인 기분을 향상시킬 수 있다.

칼라테라피를 활용할 수 있는 분야
- 의료 : 병원, 정신건강 기관 등에서 환자의 통증 완화, 불안감 해소, 우울증 치료 등에 활용된다.
- 교육 : 학교, 학원 등에서 학생들의 집중력 향상, 학습 동기 부여, 창의력 발달 등에 활용된다.
- 사무실 : 사무실 환경을 개선하고, 직원들의 스트레스 해소, 업무 효율 향상, 팀워크 증진 등에 활용된다.
- 가정 : 가정 분위기를 개선하고, 가족 구성원들의 스트레스 해소, 소통 증진, 관계 개선 등에 활용된다.

01 피부의 정의

피부는 신체 내부의 주요 기관을 외부로부터 보호하기 위해 덮고 있는 조직으로 신진대사 기능을 위해 필수적인 기관이다. 사람이 살아온 과정과 연륜을 말해주는 나무의 나이테와 같은 것이라고 할 수 있다.

피부의 무게는 성인 기준 약 3kg이며, 피부의 두께는 일반적으로 평균 2mm 정도이다. 피부의 총면적은 개인에 따라 약간씩 차이는 있지만 평균 1.5~2.0㎡ 정도이고 성인 남자는 약 1.6㎡, 성인 여자는 약 1.4㎡로 이것은 유아의 약 7배 정도가 된다. 신체 부위 중 피부가 가장 얇은 곳은 눈꺼풀이며 가장 두터운 곳은 손, 발바닥이다.

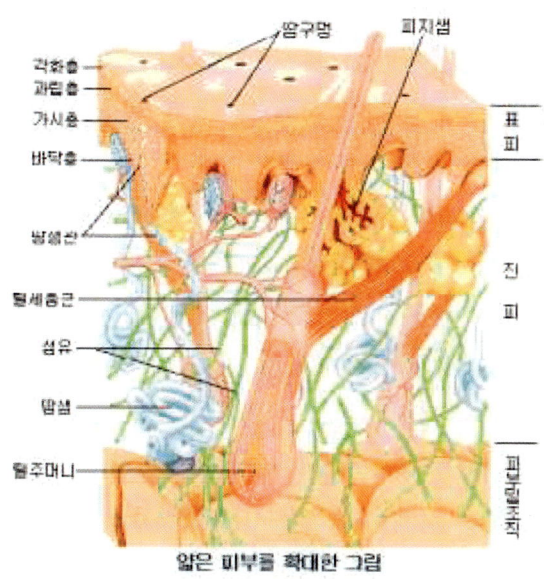

얇은 피부를 확대한 그림

02 표피의 구조

표피는 피부의 제일 바깥층으로서 외부의 환경으로부터 모든 자극이나 상해에 대해서 내부를 보호하는 역할을 수행하며 겉면으로부터 각질층, 투명층, 과립층, 유극층, 기저층으로 이루어져 이곳에서 신진대사 작용이 이루어진다.

각질층

표피의 각질 형성 세포 중 맨 바깥쪽의 단단하고 건조한 얇은 껍질이 20~25개의 층으로서 무색, 무핵의 평평한 회백색 조직으로 되어 있다. 각질층이란 원래 단백질이 딱딱하게 변한 케라틴으로 이루어져 있다는 뜻에서 붙여진 이름이다. 피부 기능의 하나는 외부 환경으로 부터 오는 각종 유해 요소를 막고 신체 내부의 중요 물질과 기관을 보호하는 데 있다. 이러한 보호막의 역할은 피부의 각질층에서 하고 있으며, 보호막은 항상 튼튼하고 새것이 좋기 때문에 이러한 각질층은 죽은 세포로 되어 비듬, 때가 되어 밖으로 떨어져 나간다. 우리 몸에서는 각질층을 조금씩 새로 만들어 간다.

뱀과 누에 같은 동물은 각질층을 허물로 일시에 벗어버리지만, 사람의 각질층은 매일 조금씩 벗겨 나간다. 이렇게 벗겨져 나가면서 한편 새로운 각질층이 생기는데 보름이면 각질층이 한 달이면 피부 표피층 전체가 새로 생긴다.

피부관리 목적의 하나가 바로 이들 각질 생성을 촉진시키고 노화된 각질 세포층이 떨어져 나가는 것을 도와주는 것이다. 노화 현상이란 나이가 들수록 각질 세포의 생성이 떨어지는 것을 말하기 때문에 적절한 때에 피부의 각질을 제거하고 생성하도록 하는 일은 중요하다. 따라서 피부관리에서 해야 할 일은 피부 각질 세포 형성을 촉진시키고 윤기 있는 각질층을 갖게 하기 위해서는 영양공급, 혈액 순환 촉진, 충분한 수면 정신적 안정 등이다.

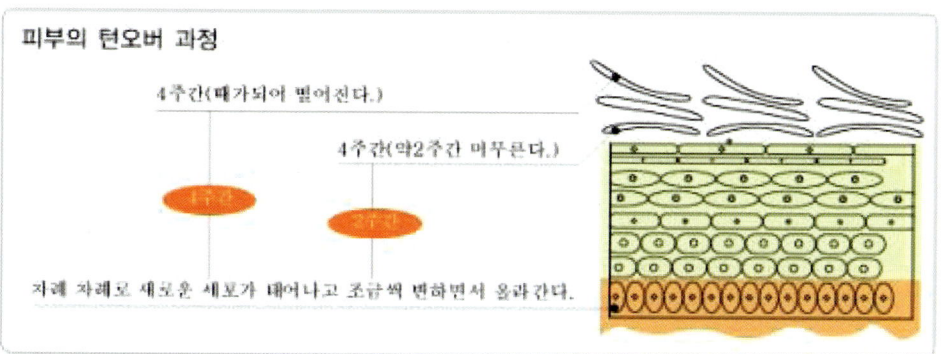

투명층

각질층 바로 밑에 있는 투명층은 각질화되기 전의 세포들을 말한다. 투명층은 생명력이 없는 무색, 무핵세포로 맑고 투명한 층이며 모든 피부에 존재하나 얇은 피부에서는 식별이 쉽지 않고 손바닥, 발바닥에서는 뚜렷이 관찰할 수 있다.

투명층은 3~4개의 세포층으로 되어 있고 납작한 호산성 세포로 구성되어 있고, 산성 지향성의 성질을 지니며 피부의 산성막을 형성한 층이라 할 수 있다.

과립층

과립층은 방추형(역삼각형)으로 되어 있으며, 각화 효소가 함유되어 각화가 시작된다. 과립층에는 각질의 전단계 물질인 케라트히알린이라는 과립이 들어 있으며, 수분 저지막이 있어 분자구조가 큰 물질은 흡수되지 못한다. 과립층의 세포에는 세포핵이 없어 세포분열이 일어나지 않으며 세포 모양도 꽤 넓다.

과립층에서는 외부로부터 이물질 통과(특히 물의 침투에 대한 방어 역할)와 피부 내부로 부터의 수분 증발을 저지하여 피부염이나 피부 건조를 방지하는 피부 미용상 중요한 역할을 하고 있다. 따라서 피부미용을 위해서는 기능성 제품인 에센스, 엠플 등 초미립자로 만들어진 것은 흡수가 빠르다.

유극층

표피 가운데 가장 두꺼운 층으로 가시가 돋친 모양을 하고 있으며 표피의 대부분을 차지한다. 유극층의 세포에는 세포핵이 있어 세포를 만들어 내며, 균을 감지하는 랑겔한스라는 세포가 있다. 유극층과 기저층을 합하면 말피기층이라고도 하는데 이층은 각화 과정의 시작과 진행에 중요한 층으로 알려져 있다. 유극세포 사이에는 림프관이 순환하고 있어 흘러 표피에 영양을 공급하며 피부의 피로회복과 표피세포의 탄력을 관장하는 중요한 역할을 수행하기 때문에 피부 미용에 중요하다.

기저층

기저층은 표피의 가장 밑 부분에 위치하며 진피층과 경계를 이루며 서로 물결모양의 경계를 이루고 있다. 기저층 내에는 각질 세포와 색소세포가 있으며, 왕성한 세포 분열이 일어나므로 표피 세포의 대부분이 생성되는 곳이다. 기저층의 단층 구조로 각질 세포는 케라틴화되어 각질층을 이루었다가 피부 표면에서 떨어져 나가며 이 세포는 활발히 분열하며 계속하여 새로운 세포를 위층으로 보내는 역할을 하며, 피부 색상을 결정짓는 멜라닌 색소를 만들어 낸다. 멜라닌 색소세포는 무색을 띠고 있으나 자외선으로부터 자극을 받게 되면 피부 방어를 위해 다갈색을 띠며 과립층까지 올라와 오래 머무른다. 따라서 피부미용에 있어 자외선은 큰 장애물이 된다.

※ 각화 현상

표피 세포는 기저층에서 생성되어 분열에 의해 위쪽으로 상승함에 따라 각질화된다. 각질층에 이르는 세포는 자연적으로 때, 비듬으로 떨어져 나가게 되는 데 이런 현상을 각화 현상이라고 한다.

※ 피부 생리

기저층에서 각질 세포까지 올라가는 기간이 약 14일 정도, 각질층에서 머무는 기간이 약 14일 정도로 사람에 따라 28±3 주기 정도가 된다. 어린이는 5~6일이 걸리고 노인들은 50~60일까지도 걸린다.

03 진피

진피는 표피의 약 10~40배나 되는 두꺼운 층으로 피부의 강도와 경도를 좌우한다. 진피는 표피와 물결모양으로 연결되어 있으며 한선 피지선, 털, 혈관, 신경 등 피부의 부속 기관이 분포되어 있으나 그 경계가 뚜렷하지 않다. 진피에는 모세혈관이 있기 때문에 피부의 혈색을 표현한다.

진피의 주요 구성 물질은 콜라겐 섬유와 엘라스틴에서 만들어진 탄성 섬유(탄력섬유)가 그물 모양으로 짜여 있다. 그리고 그 공간을 채우고 있는 점다당류 들로 구성되어 있다. 콜라겐 섬유와 엘라스틴 섬유는 그물 모양으로 서로 짜여 있어 피부의 탄력과 신축성을 유지하게 한다. 이처럼 진피는 기계적 외력이나 화학적 자극에 강한 저항력을 갖고 있으므로 각질층과 함께 외기의 영향으로부터 신체를 보호한다. 그러나 진피의 탄성 섬유는 피부의 탄력을 주는 섬유로 노년기에 점차 감소하여 피부가 탄력을 잃게 된다. 또한 콜라겐이 느슨해지며 잔주름이 생기고 파괴되면 깊은 골 주름이 생긴다.

유두층

표피와 접해있는 결합조직으로서 거의 수직적인 형태로 이루어져 있으며 손가락 같은 작은 모양의 돌기로 표피에 이어지고 사이에는 수분이 많이 들어있어 체온조절을 담당한다. 또 돌기에는 모세혈관이 몰려 있어 기저층에 많은 영양분을 공급해 주므로 표피의 건강 상태를 유지한다. 유두층의 모세혈관과 임파선은 표피와 진피를 보호한다.

망사층

진피의 80%를 차지하여 결합 섬유(교원섬유, 탄력섬유)가 그물 모양의 구조로 돼 있어 망상층이라도 한다. 교원섬유는 콜라겐이라는 단백질로 구성되어 있는 데 외적 자극 등에 대한 저항력이 있다. 탄력섬유는 엘라스틴이라는 단백질로 구성돼 있어 피부에 탄력성을 공급한다.

　망사층은 교원섬유와 탄력섬유가 매우 조밀하게 구성돼 있어 피부의 강도를 갖게 해준다. 망사층에는 피지선, 한선, 동맥, 정맥이 있으며, 탄력과 팽창이 큰 층으로 피부의 탄력을 관장한다. 임산부와 비만인 사람이 피부가 늘어나도 지탱할 수 있게 해주며, 피부 노화가 진행되어 주름이 생긴다는 것은 진피 내의 탄력섬유와 결합 섬유의 기능이 약화됨을 의미한다. 자외선은 이곳까지 공격해 콜라겐, 엘라스틴에 손상을 입혀 주름을 만들어 낸다.

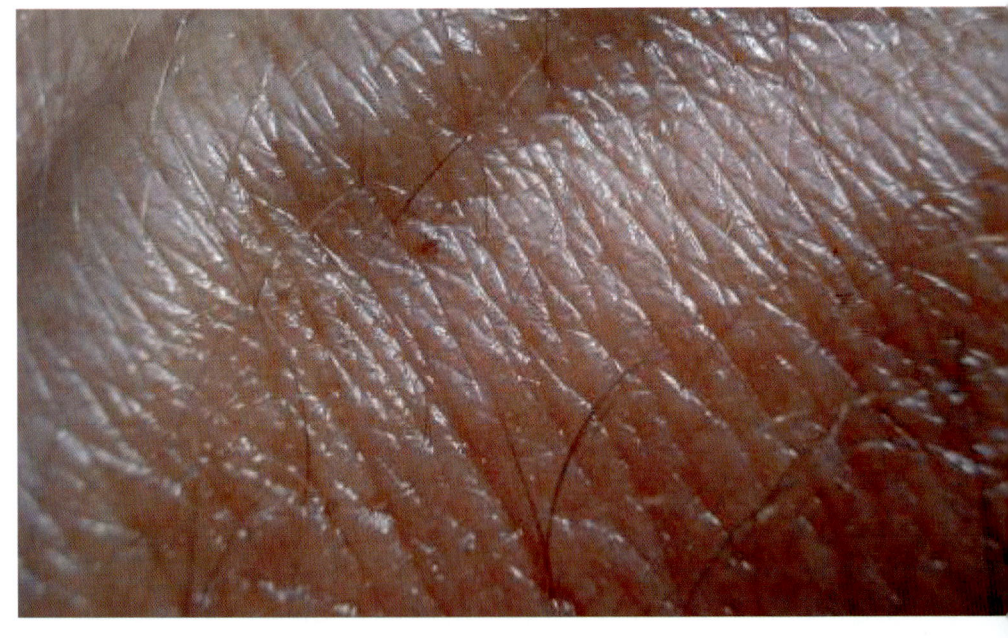

04 피하조직

　피하조직은 피부의 가장 깊은 곳인 진피 아래에 위치한 피하조직은 콜라겐과 엘라스틴이 성긴 망상구조를 이루는 결합조직과 그 사이를 채우는 지방세포로 구성이 되어 있다. 이때 지방 세포의 집단이 지방층을 만들어 피하지방 조직을 이룬다. 그러나 진피와 피하조직 간의 경계는 명확하지 않으며, 피하 지방조직은 체온유지에 중요한 기능을 하고, 남성보다는 여성, 성인보다는 어린이에게 더욱 발달되어 있다.

　피하지방 조직은 여성호르몬과 관계가 깊어 여성의 신체선에 부드러움을 준다. 또한 열의 부도체이기 때문에 체내의 열이 외부의 온도에 좌우되지 않도록 하며 여분의 피부밑 지방조직으로 축적시켜 뼈, 근육의 외부의 압력으로 부터 보호하는 쿠션 역할을 한다.

　피하조직은 영양이 부족할 때는 영양의 공급원이 되기도 하고 피하지방이 너무 많으면 피하 지방층의 혈관이나 림프관이 눌려서 혈액 순환이 원활하지 못하게 된다. 그밖에 피하조직은 몸의 체온조절과 노폐물의 배설, 피부 표면의 수분 공급의 역할을 하는 땀샘과, 피지를 생산하는 피지샘과, 햇빛, 추위, 더위 등 물리적인 자극으로부터 우리의 몸을 보호하는 털과 손가락 발가락을 보호해 주는 손톱, 발톱이 있다.

05 피부의 작용

각화 작용 : 표피세포가 핵, 수분이 감소, 퇴화하여 각질층에서 몸 밖으로 떨어져나가는 작용을 한다. 각화 주기는 사람에 따라 24일에서 29일이다. 나이가 많아지고 건강이 허약해지면 각화 작용이 40~50일로 늦어진다.

보호 작용 : 피부는 자외선, 바이러스 등의 물리적 자극으로부터 신체 내부의 신체 내부의 오장육부를 보호한다.

흡수작용 : 표피의 간지질과 모공을 통해 수분이나 영양을 흡수한다.

분비작용 : 진피조직의 피지선, 한선을 통해 피지와 땀 분비를 한다. 따라서 메이크업을 하지 않아도 크린싱이 필요하다.

항체 생성 작용 : 피부는 외부 균이 침투하면 항체를 생성하여 지켜주는 작용을 한다. 건강과 피부는 비례한다.

호흡작용 : 피부는 폐호흡의 1%를 담당한다.

체온 조절 작용 : 피부는 온도의 변화에 맞추기 위해 신체의 온도를 일정하게 유지시켜 준다. 추울 때는 모공을 닫아 소름이 돋게 하며, 더울 때는 땀을 배출한다.

비타민 D합성 : 자외선이 피부에 닿으면 비타민 D를 합성한다. 비타민 D는 체내 칼슘의 흡수를 도와준다.

06 피부 타입과 관리방법

피부를 알고 나를 알면 보다 확실한 피부 관리가 가능해진다. 지성 피부에 유분이 많은 크림을 바른다든지 건성 피부에 수렴 화장수 등을 잔뜩 발라 역효과를 유도하는 우매함을 버리기 위해선 자신의 피부 타입을 제대로 아는 것이 급선무이다.

정상피부

정상 피부는 각질화, 탈피, 수분 소실, 피지 분비, 땀 분비가 조화를 잘 이룰 경우 피부가 부드럽고 탄력 있으며 건강한 빛을 띤다. 그러나 가는 세월과 환경적 요인들에 의해 아무리 정상 피부라 하더라도 여러 가지 피부 변화를 가져오게 되므로 평생 관리해야 한다.

지성피부

남성 호르몬이 왕성해지는 사춘기에 시작되어 피지선의 활동성 여부에 따라 피부의 지성 여부와 정도의 차이가 드러난다. 단순 지성 피부, 복합성 지성 피부, 두피지루 등의 세 가지 타입으로 분류된다.

- 단순 지성피부 : 청소년기와 젊은 성인에서 볼 수 있는 타입이다. 피부가 두껍고 지방 분비 증가로 이마나 코 등에 제일 심하나 전체적으로 얼굴에 기름이 흘러 번쩍거린다.
- 복합형 지성피부 : 흔히 'T-zone'이라 하는 이마, 코, 턱 주위는 기름이 많아 번들거리나 그 외 뺨 등은 건조하며 껍질이 벗겨지는 낙설도 보인다.

우리나라에서 흔히 볼 수 있는 피부 타입으로 계절에 따라 피부의 상태가 다소 변하는데 추운 겨울이나 습도가 낮은 경우, 피부가 더욱 건조해지며 이때 지성인 부위도 같이 건조하고 거칠어진다.

무엇보다 유동성 피부 관리가 필요하다. 중성용 비누를 이용한 하루 2~3회의 세안을 통해 과도한 기름을 제거하고 중앙 부위의 기름을 제거한다. 세안 후 뺨과 눈 주위는 보습제를 한두 번 발라 주되 T-zone 부위에는 보습제를 사용하지 말고 알코올이 포함된 아스트린젠트나 토너 제품을 사용한다.

- 두피지루 : 머리에 기름기가 많은 경우로, 심한 경우 딱지가 앉고 가렵고 비듬이 많이 생겨 본인은 물론 남들에게도 불쾌감을 줄 수 있다. 대부분 머리를 자주 감거나 약용 샴푸로 해결이 가능하나 가끔 병원 치료가 필요한 병적인 경우도 있다.

건성피부

건조한 피부는 비록 병적이 아니더라도 상당히 불편한데, 피부에 각질이 일어나고, 살이 트고, 조이는 느낌이 들며 심하면 벌게지고 갈라지면서 가끔 피도 난다. 관리의 목적은 피부에 수분을 유지시키는 것이다. 보습이 되어야 피부가 부드럽고 당기지 않으며 편안한 느낌이 들므로 세안 후 꼭 보습제를 발라 주며 알코올 성분이 들어있는 아스트린젠트 등은 사용을 금한다.

세안은 하루에 두 번 이상 하지 말고 자기 전에 반드시 화장을 지우도록 한다. 아침엔 따뜻하거나 미지근한 물로 얼굴을 씻고 더운물 사용은 금하며 낮에는 지방보다 수분이 더 많은 가벼운 보습제를, 밤에는 끈적한 지방 성분이 풍부한 보습제를 사용한다.

또 나이가 들수록 환절기나 겨울철, 냉난방, 잦은 비누 사용, 체질 등에 의해 피부가 건조해지므로 목욕의 횟수와 시간을 줄이고, 사우나 등을 삼가며 비누 사용을 자제하고 실내 습도를 60~70% 정도로 적절히 유지시킨다. 세안 후 반드시 보습제를 바르는 노력이 필요하다.

민감성피부

스스로 민감성 피부를 가졌다고 하는 사람들은 유전, 음식, 스트레스 등의 내적인 것에서부터 날씨, 공해, 화학 물질, 세제, 화장품 등 외적인 요인에 이르기까지 여러 가지 원인에 대하여 피부가 민감하다고 말한다. 실제로 정상 피부라도 자극성 물질, 알레르기성 물질, 그 외 외부 환경 요인에 대한 반응이 개인마다 다양하게 나타나 인종, 피부색, 문화, 국경에 무관하게 여성의 50%, 남성의 20~30%가 자신이 민감성 피부를 가졌다고 주장한다.

피부 타입	특 징	손질법
건성피부	• 피부가 당기고 잔주름이 많음 • 각질이 자주 일어남 • 메이크업이 잘 안 받음	• 피부에 적당한 수분 유지를 위하여 보습 효과가 큰 제품 사용 • 원활한 혈액 순환을 위한 꾸준한 마사지
중성피부	• 혈액 순환 정상 • 피지 분비량 정상 • 계절변화에 민감	• 꾸준한 기초손질 • 계절에 따른 적절한 피부관리
지성피부	• 모공이 넓음 • 피지 분비량이 많아 번들거림 • 여드름, 뾰루지 등이 생김	• 이중 세안으로 청결 유지 • 노폐물 제거 및 피부를 촉촉하게 해주는 팩 사용 • 유분이 적은 제품 사용

07 각질층 제거(필링)

근래에는 피부를 잘 통하여 흡수되는 각종 성분을 발견 또는 개발하여 과거 화장품과는 달리 영양공급의 기능성 화장품이 많이 있게 되므로 잘 선택함도 중요하다. 피부의 가장 활발한 증식은 오후 10시부터 밤 02시 사이로 이 시간에 잠을 자는 것을 황금 수면이라 하여 피부에 좋다고 한다.

목욕과 마사지, 휴식을 적절히 함으로써 피부 건강에 도움을 주고, 피부에 붙어 있는 기능을 다한 각질층은 이제는 하나의 분비 노폐물로 전락하여 제때 제거시켜 주어야 한다. 분비 노폐물로 전락된 각질층은 세균의 온상이 되며 피부의 호흡을 방해하고 피부가 거칠어져 보이게 한다. 아들 각질 세포를 벗기어 내는 일상적인 방법은 세안 때밀이 등에서 자연스럽게 하고 있으며 마사지 브러싱 스폰지로 문지르기, 각종 연마제 마사지로 특별히 더 하고 있다,

최근에는 기능성 화장품이나 화학물질을 이용하여 보다 깊게 필링을 하는 것이 유행이요 일반적으로 하고 있는 실정이다. 깊게 하여 치료도 이용하는데 피부 전층을 베껴 내기도 하고 진피까지 베껴 냄으로써 검버섯 주근깨 각종 흉터 주름 노화피부의 치료에도 이용한다. 필링에는 주의할 것이 있는데 무작정 베끼다 보면 한편 피부를 자극하여 진정되지 않음으로 각질이 계속 일어나거나 피부가 거칠어지고 깊게 하는 경우 색소 침착이 올 수 있으므로 계속적인 관리가 필요하다.

08 피부 타입별 기초 화장법

자신의 피부 타입에 맞는 제품 선택만큼이나 어떤 순서에 따라 바르느냐도 중요하다. 피부 기초단계를 습득하고 메이크업을 제대로 해야 한다.

1단계 - 클렌징
자신의 피부 타입에 맞는 클렌징 제품을 선택하여 메이크업을 깨끗하게 닦아낸다. 지성일 경우에는 가벼운 밀크타입, 건성 피부에는 크림이나 로션, 지성 피부에는 젤 타입을 사용하는 것이 좋다. 클렌징을 할 때는 피부결 방향대로 마사지하듯 너무 강하게 문지르지 말고 퍼프나 부드러운 티슈를 사용하여 가볍게 닦아낸다.

2단계 - 세안
세안제도 피부 타입에 적합한 제품을 선택하여 사용해야 한다. 건성 피부는 피지막 손실을 방지해 주는 보습용 특수 비누나 크림 타입의 폼 세안제가 적당하며 지성 피부는 유분이 적은 지성 전용 세안제를 사용하고 일주일에 두 번 정도 딥 클렌징을 해주는 것이 좋다. 스팀 타월을 하여 피부의 혈액 순환을 돕고 수분을 보충해 주면 촉촉한 피부로 가꿀 수 있다.

3단계 - 스킨류
스킨 제품은 모공을 열어주어 피부가 보습과 영양 성분을 받아들일 준비를 하도록 돕는 기초 제품이다. 건성 피부는 영양과 보습 효과가, 지성 피부는 피지 조절과 모공수축 작용이 우수한 제품을 선택해야 한다. 먼저 스킨을 화장 솜에 충분히 적셔서 얼굴 안쪽에서 바깥쪽 방향으로 펴 바르고 충분량의 로션으로 피부결을 정돈하듯 바른다.

4단계 - 아이 크림

눈가에 생기는 주름은 한번 생기면 회복이 힘들므로 전용 제품으로 매일 손질하여 예방하는 것이 바람직하다. 눈가의 상태에 따라 눈가의 노화를 방지해 주는 주름 방지용 제품, 눈 밑에 검은 그늘이나 부은 눈을 위한 아이 제품, 주름을 완화해 주는 제품 등 그 종류가 다양하므로 필요에 따라 선택하는 것이 바람직하다. 아이 크림은 양쪽 눈을 중심으로 안에서 바깥쪽으로 꾹꾹 눌러주듯 발라주는 것이 좋다.

5단계 - 에센스

에센스는 생기를 잃은 피부에 보습 효과와 탄력을 주는 기초 제품이다. 건성 피부는 로션 타입이 적당하며 심한 악건성일 때에 효과가 뛰어난 미용 성분만을 농축시킨 캡슐 타입을 선택하는 것이 바람직하다. 지성 피부는 젤 타입의 제품을 선택, 건조한 날이나 특별히 건조한 부위에 사용하는 것이 좋다.

6단계 - 영양 크림

기초 스킨 케어의 마지막 단계라고 할 수 있는 단계. 건성일 경우에는 크림 타입의 제품으로 계절에 상관없이 매일 발라주고 지성일 경우에는 오일 프리 타입의 로션류를 선택, 일주일에 두 번 정도 발라 주는 것이 좋다. 제품을 바를 때에는 안쪽에서 바깥쪽으로, 손바닥으로 피부를 감싸듯이 하고 목 부위는 아래에서 위쪽으로 쓸어주듯 발라주어 마무리한다.

01 자신을 업그레이드하는 메이크업

　메이크업은 제2의 표정이라는 말이 있다. 혹자는 메이크업을 어떻게 하느냐에 따라서도 인생이 바뀐다는 말까지 사용하고 있다. 메이크업을 통해 자신의 아름다움을 빛나게 하는 방법과 동시에 결점까지도 커버할 수 있다.

　메이크업은 피부보호의 목적으로 외부의 먼지나 자외선, 대기오염, 온도의 변화로부터 우리 피부를 보호하는 역할과 본능적 미화의 기능으로 인간이 가지는 아름다워지고 싶어하는 기본적인 미화의 목적을 위해 장점을 살려주고 결점을 감추는 역할을 한다. 또한 사회생활을 하는 중 자신의 외모에 자신감을 부여해 줌으로써 좀 더 능동적이고 적극적인 자세로 임할 수 있는 자신감을 뒷받침해 준다.

　메이크업의 사전적 의미는 "완성시킨다", "보완하다", "제작하다"라는 뜻으로 쓰여 진다. 넓게 보면 사람들의 각기 다른 외모에 화장품이나 도구를 사용하여 부족한 부분을 보완함으로써, 조화롭고 아름답게 만들어 내는 미적 가치를 통틀어 메이크업이라 표현한다.

　메이크업의 기능은 미화의 기능, 사회적 기능, 심리적 기능으로 볼 수 있는데, 제품으로 인하여 외형의 아름다움을 추구하는 미화의 기능과 자신의 사회에서 갖는 지위, 직업, 신분을 표시하고 사회적인 관습도 나타내며, 무언의 의사전달 역할도 하는 사회적 기능, 자신의 사고방식이나 가치 추구가 나타나며 인물의 성격이 메이크업에 나타나기도 하는 심리적 기능들이다.

　메이크업을 한다는 것은 감춘다는 의미보다는 아름다움을 표현해 주는 미의 창조 작업이자 자신의 결점을 커버하고 장점을 강조해 주는 자기표현의 목적이다. 이렇듯 메이크업은 수정 화장을 위주로 해왔었는데, 최근에는 영상 및 이미지 문화가 사회 전반을 주도하면서 그 사람만의 개성을 강조해 주는 의미의 이미지 메이크업이 강조되고 있다.

02 메이크업의 역사

화장의 기원에는 여러 가지 학설이 있으나 꼭 인류의 역사와 함께 병립되어 왔다. 누구나 아름다워지고자 하는 본능에서 오는 미화설과, 종족, 계급, 신분, 남녀 구별을 위해 화장을 했다는 신분 표시설, 자신을 보호하고자 하는 보호설, 신에게 경배나 제사를 드리기 위해 향나무즙으로 만든 향료로 온몸을 발랐다는 종교설, 이성에게 매력적으로 보이기 위해서 신체를 장식하거나 가꾸었다고 보는 이성 유인설 등이 유력하다고 볼 수 있다. 메이크업의 역사를 보면 다음과 같다.

이집트

약 7천 년 전 제1왕조의 묘에서 지방에 향을 넣은 화장수와 화장경이 발견됨으로써 인류의 화장 기원으로 추정되고 있는 이집트의 화장법은 처음에는 주로 종교의식과 밀접한 관련을 맺고 있었으나 점차 신체 보호 또는 주술적 목적 외에 장식의 즐거움으로 발전했을 것이라 보고 있다.

그리스.로마시대

화장품과 화장술에 대한 연구 및 처방이 이루어진 시기로 흔히 코스메틱(cosmetic)이라는 말은 그리스어의 코스메틱코스(cosmetiko; 치장하다)에서 나온 말이다. 하얀 피부를 매우 선호한 그리스 여인들은 백납 성분의 안료는 얼굴에, 다홍색 안료는 입술에 상용하였으며 코에 명암을 놓고 눈화장을 적갈색과 녹색, 회색 섀도우를 사용하는 등 다양하고 발전된 형태의 화장용품과 화장술을 애용하였다. 또한 이 시대에는 남자들에게도 화장이 행해졌다.

15C~16C 중세 르네상스시대

 의학, 학문의 발전으로 화장.미용에 관한 학문이 의학으로부터 분리되면서 외모를 꾸미는 것으로 과도하게 사용되었다. 교회의 영향을 받아 억압되었던 화장술은 11세기 몇 차례의 십자군 전쟁 이후 동양으로부터 전개된 화장품, 향신료로 조금씩 행해지다 14세기 중반 경 르네상스 운동의 영향으로 이탈리아를 중심으로 부활하게 되었다.

 르네상스 시대의 전성기인 16C부터 출현한 개인주의와 향락주의는 남성미와 여성미를 강조한 상류층에 의해 과도한 화장술이 사용되었다. 특히 엘리자베스 1세 때는 화장을 하는 여왕의 영향을 받아 여성뿐만 아니라 남성까지도 화장품을 사용하였으나 수은이 들어간 로션과 납과 식초를 혼합한 분 등을 사용하고 이마에 점맥을 그려 넣는 등 지나친 화장술로 피부를 심하게 훼손하기도 하였다.

17C~바로크시대

 귀족들의 끊임없는 미적 요구로 사치의 시대에 맞는 화장술이 유행하였다. 남자들도 머리를 기르고 장식하였으며 머리칼은 컬러로 염색, 포마드로 고정하고 리본, 새틸 등과 함께 머리에 딱딱한 린넨(Linen)이나 레이스(Lace)를 주름 잡아 철사로 쌓아 올려 장식한 퐁땅쥬(Fontange)라는 기교 머리가 유행하였다. 애교점이라 불리는 패치((Patch), 뷰티스폿(Beauth Spot), 무슈(Mouche) 등이 출현하고, 화려한 의상에 어울리는 진한 화장을 하였다.

 메이크업이라는 용어가 최초로 사용된 것은 17세기 초, 영국의 시인 리차드 크라슈(Richard Crashou)가 처음 사용하였고, 페인팅(Painting)이라는 용어는 셰익스피어(Shakespeare)의 희곡에서 처음 등장하였다.

18C~로코코 시대

 우아한 곡선을 기초로 하는 로코코양식의 영향으로 부드럽고 높이를 낮춘 퐁파두르(Pompadour)라는 머리형이 유행하였으나 1760년경에는 거대 장식의 극치를 이룰 정도로 다시 커지게 되었으며 머리에 갖가지 색의 밀가루를 부려 머리모양을 꾸몄다. 17세기와 마찬가지로 두텁게 화장하였으며 피부 표현 역시 매우 희게 강조하였다.

19C~근대(부흥 시기)

　귀족계층을 중심으로 과도하고 인위적인 경향에서 벗어나 자연스러운 미의 강조가 전반적으로 강조되었다. 여성만의 전유물로 화장술이 자리 잡고 비누의 사용이 보편화되었다. 1866년 산하 아연의 발견으로 안전하고 새로운 성분의 화장품이 공급되어 유럽과 미국으로 퍼졌으며, 진한 화장은 무대화장에 한정되었다.

20C~현대

　20세기 초에는 19세기의 자연스러운 화장이 그대로 지속되었으며, 1차 세계대전을 겪으면서 본격적인 산업화의 기반이 대중사회를 배경으로 산업화와 도시화의 물결 속에서 다양한 제품의 출현으로 다양해진 화장술은 용도와 소비 양식에 따라 세분화되기 시작하였으며 대중매체의 발달로 메이크업은 패션, 뷰티, 광고, 영화, 영상, 이벤트, 문화예술 등 여러 분야에서 필요로 하는 필수 분야로 자리매김하게 되었다.

03 한국의 메이크업 역사

고조선 시대

우리나라 고조선 시대에도 신에게 제사를 지낼 때 향을 피웠다든지 신분 계급을 나타내기 위해 장식물을 달고 색을 칠했다는 것과 피부를 보호하고 희게 가꾸려는 노력이 일찍이 행하여졌다. 단군신화에 나오는 쑥과 마늘은 미백(美白)과 피부미용에 상당히 효과가 있는 제품이고 햇빛을 보지 않는다는 점은 그 당시의 지배층이 흰색 또는 흰 피부를 선호했음을 보여준다.

삼한 사회 또한 신분과 부족을 표시하고, 위해(危害)로부터 보호하기 위하여 (文身)을 하였으며, 북방 거주인들은 돈고라는 돼지기름을 발라 동상을 예방하고 피부의 부드러움을 꾀하였다. 선사시대의 생활 유적지인 조개더미 '패총(貝塚)'에서 목과 팔목, 손가락에 끼거나 걸 수 있게 갈고 닦은 조개 껍질, 짐승의 뼈와 어금니를 가공하여 줄줄이 꿴 것 등 원시형의 장신구가 대량 출토되고 있다. 이는 고대 우리나라 화장의 기원도 서양 못지않게 오래되었다는 사실을 뒷받침해 주는 증거들이다.

삼국시대

삼국시대는 우리나라 문화의 찬란한 전성기였다. 이러한 문화의 전성기만큼 화장문화 또한 그 어느 시대 못지않게 남녀 모두 외모에 관심이 높은 시기였다.

고구려 여인들의 화장문화는 5, 6세기 경의 평남 용강군 소재 쌍용총의 벽화를 보면 알 수 있다. 이 벽화에는 귀족부인과 시녀가 그려져 있는데 머리엔 관을 쓰고 옷깃은 붉으며 뺨에는 연지가 찍혀있으며, 얼굴은 보름달처럼 둥글게 생겼고, 눈썹은 짧고 뭉툭하게 그렸으며 머리는 틀어서 얹고 입술에 연지를 발랐다는 것을 알 수 있다.

이는 대륙에 오랫동안 전래하던 화장술로 요염한 자태를 나타내는 화장법이다.

백제의 두발과 화장은 곧 신분을 나타내는 것이었다. 대부분 은은하고 부드러운 화장을 위하여 분을 바르되 연지는 사용하지 않았으며, 이러한 화장문화는 일본에 영향을 주어 화장술이 일본으로 전파되었을 정도의 높은 수준이었다.

신라는 '아름다운 육체에 아름다운 정신이 깃든다'라는 영육일치사상(靈肉一致思想)-즉 정신과 육체는 높고 낮은 차별이 있는, 이원적인 것이 아니라 오직 하나라고 보는 견해- 의 영향으로 남녀 모두 외모에 대한 관심이 높은 나라였다. 여섯 소국가의 지도자에 의하여 추대된 신라의 첫 임금인 박혁거세와 그의 왕비인 알영은 빼어난 미남 미녀였으며 원화(源花)와 화랑(花郞)역시 미남 미녀 중에서 선발되었다, 실력 있는 리더의 절대적인 자격으로서 아름다운 외모가 요구됨으로써 화장문화의 발달을 가져온 시기였다.

이 밖에 동백이나 아주까리 기름으로 머리를 손질하였으며 분꽃씨 가루나 활석 가루 등으로 분을 만들어 물에 개어 얼굴에 발랐다. 그러나 부착력이 너무 약하여 후에 납을 함유시켜 처리한 연분을 만들어 쓰게 되었다. 또한 나무재를 개어 눈썹을 그렸다. 즉 이 시대에서의 화장은 하나의 권력자원으로서의 의미를 지녔다고 보여진다.

고려시대

고려시대에는 화장이 여성의 신분에 따라서 두 가지 뜻으로 이원화되는 경향을 보여준다. 기생의 짙은 화장과 여염집 부인의 옅은 화장으로 구분되는데, 그 당시의 기생들은 교방에서 가르쳐준 대로 짙은 화장을 해야 했고, 여염집 부인들의 화장은 이에 대한 반작용으로서 분대화장을 기피하고 옅은 화장을 함으로써 기생과 구분하고자 하였다. 이 시대부터 화장이 자신의 계층이나 신분을 표현하는 도구의 의미로서 사용되었다고 추정된다. 즉 개개인의 정체성이 차별화된 화장의 방식을 통해서 드러날 수 있음을 보여주고 있다,

조선시대

조선시대에는 유교적 도덕관념이 남성 중심의 가부장적 사상과 내외(內外)사상의

영향으로 외모보다 내면의 아름다움, 즉 부덕이 강조되어 부용(婦容)은 깨끗하고 부드러운 마음가짐의 표현이라고까지 정의하였다. 따라서 여성의 화장이 부덕(不德)한 행위로 간주되기도 하였다. 그렇다고 조선시대의 화장품생산이 위축되거나 화장에 소홀했던 것은 아니며, 오히려 화장 개념의 세분화가 촉진되었던 것이다.

밖으로 드러나지 않는 삶을 강요받았던 조선시대 여성들에게 있어서 화장의 필요성이 점차 상실되어 자신의 아내 혹은 며느리로서의 여성상에 대해서는 '얼굴은 둥글고 통통하며, 살빛은 흰 편이고 흉터나 잡티가 없어야 하며, 전체적인 골격의 이상형은 건강하고 머리숱이 많고 검으며, 인중은 길고 입술 색은 붉은빛을 띠어야 아들을 잘 낳고, 인내심이 강하여 원만한 성격의 소유자'라 여겼다.

그러나 그 시대 남성들이 이상적으로 삼았던 미인의 모습은 부덕(婦德)한 모습으로서의 여성이 아니라, 앵두처럼 붉고 작은 입술, 초승달같이 흐리고 가느다란 눈썹에 쌍꺼풀이 없이 가느다란 눈, 마늘쪽처럼 생긴 자그마한 콧망울, 반듯하고 넓은 이마, 턱이 다소곳하게 작고 동그랗고 아담한 계란형 얼굴, 이런 전통 미인의 모습은 한국 회화사에서 가장 아름다운 얼굴 초상으로 평가되는 조선 후기 화가 신윤복의 '미인도'에 잘 나타나 있다.

정실부인으로서의 여성에게는 부계 혈통 보존을 위해서 화장에 대한 부정적인 인식을 강요한 반면 그들의 유희 대상으로서의 기생 신분의 여성들에게 있어서는 짙은 화장이 허용됨으로써 가부장제하에서의 이중적인 성윤리관이 화장문화의 형성에도 영향을 미쳤음이 보여진다.

1922년에 제조 허가 제1호로 출범한 박가분(朴家紛)의 경우 인기를 얻어 하루에 5만 갑이나 팔렸다고 하지만 생산방식이 재래식에 머물렀고, 납 성분의 부작용으로 물의를 빚기도 했다. 이 시기에는 외제화장품과 아울러 입체 화장 기법이 도입되어 대대적인 환영을 받았는데, 사회적 물의가 적지 않았던 신여성과 기생 중심으로 신식 화장이 신속히 보급되어 화장에 대한 경원감정(敬遠感情)이 확대되는 경향이 생기게 되었다. 조선시대 전기까지는 화장품 제조 기술이 높은 수준이었으나 조선 후기에 이르러 다른 분야와 마찬가지로 수공업 수준을 탈피하지 못하고 산업화가 늦어져 외국의 화장품 기술에 비해 뒤떨어졌다.

근대

　근대 개화기에는 신식화장품과 신식화장법이 도입되면서 화장 문화의 도 다른 국면을 맞이한다. 신식화장법이 유행하면서 입술 연지색이 짙어지고 향수와 비누의 향내가 강해졌다. 이 시대의 유행이라는 것은 문화적 특권에서 비롯되었으며 전통적인 사회에 대한 이질적인 문화를 접목하는 과정에서 나타났다. 따라서 조선 사회에서 어느 정도 일탈적인 행동양식을 가질 수 있는 사람이어야 받아들일 수 있는 부분이었다. 이 시대의 화장, 옷차림은 사회적 규범에서 어긋난 사람 내지는 새로운 가치관으로 사회집단을 형성한 사람들 즉, 주로 신식여성과 기생 및 카페걸, 다방마담, 영화배우 등에 의해서 먼저 유행되었다. 일부 신여성들의 자유연애 예찬과 이에 대한 비난으로, 신식 화장을 한 여성들은 바람둥이 또는 성적으로 문란한 여성으로 지칭되기도 했다.
　여염집 여성들은 그들과 구분되기 위해서 더욱 화장을 기피함으로써 종래 기생 등의 화장과 여염집 여성의 화장 구분이 더욱 심화된 결과를 가져왔다. 특히 서구의 성해방적인 시각이 몰려오면서 여성의 몸에 대한 관심은 더욱 높아지고 화장품의 본격적인 대량생산과 광고 등을 통해서 우리의 美에 대한 기준이 서구의 것으로 대체되어 가는 경향이 나타난다.

현대

　현대의 화장문화는 대중매체의 발달, 인터넷의 보급 등으로 인해 동.서양의 구분이 거의 없음을 알 수 있다. 최근에는 투명 화장, 복고풍, 사이버 등 다양한 스타일의 메이크업이 서양의 경우와 마찬가지로 공존하고 있는 양상을 보여주고 있다.

04 메이크업의 기본 원리

메이크업을 시술하는 데 있어 전문가로서 가장 중요한 것은 색채의 원리를 알아야 한다. 자연스러운 메이크업은 기본 색조를 분류할 줄 알아야 분위기의 전체 색과 조화를 이룰 수 있다. 색상을 선택하는 데는 먼저 의상 선택이 우선되어야 하고 거기에 포인트 메이크업 색상이 조화를 이루어 안정되고 세련된 이미지를 만들어 내는 것이다. 피부색, 머리색, 눈과 눈썹의 색 등 얼굴 분위기에 대한 메이크업 색상 또한 잊지 말아야 한다.

메이크업할 때는 대체적으로 닮은 색상끼리의 유사색을 선택하는 것이 자연스럽다. 유사 대비의 느낌은 비슷한 색상끼리의 배열로 지적이고 편안하며 차분한 이미지로 표현되며, 베이지와 브라운 컬러, 핑크와 와인 컬러를 사용하는 것이다. 보색 대비의 느낌은 발랄하고 파격적이며 동적인 분위기로 산뜻한 자신감 있는 이미지를 표현할 수 있으나 자연스럽고 편안한 느낌은 없다. 이를테면 레드와 블루 컬러, 옐로우와 핑크 컬러 등이 있다. 마치 어린이들이 입어서 깜찍한 색동 치마 저고리와 같은 느낌이 보색 대비의 한 예이다.

나이가 젊고 자신감이 넘치는 신세대들은 보색 대비의 코디를 주저 없이 연출하는 예가 많지만 중 장년층이 되면서 점차 유사 대비의 코디를 하여 튀지 않는 안정된 분위기로 구성을 한다. 두 가지 대비의 장점과 단점은 분명히 있지만 때와 장소에 따라 변화 있게 감각을 살려 서서히 자신의 외모에 맞는 이미지를 찾아보는 것이 중요하겠다.

05 자신을 아름답게 하는 메이크업 코디네이션

코디네이션은 여러 요소들을 조율하고 일관성 있게 만들어 하나의 목표를 달성하는 과정을 의미합니다. 쉽게 말해, 옷이나 화장을 멋있고 효율적으로 함께 어울리게 하는 것을 말한다. 계열 색끼리의 조화로운 컬러를 분석하여 의상 색과 아이섀도의 색, 입술 색을 연결하여 자신을 아름답게 표현할 수 있다. 이때 핑크 계열은 핑크, 와인, 퍼플, 블루, 네이비 블루, 스카이 블루, 그레이 컬러 등이 있으며, 오렌지계열은 브라운, 베이지, 오렌지, 옐로우, 파스텔 그린, 머스타드, 카키 레드컬러 등이 있다. 이를 이용하여 자신의 아름다움을 보여줄 수 있는 의상과의 색상별 코디 방법은 다음과 같다.

수트	블라우스 또는 스카프	이미지
Black	빨강과 초록 등 원색을 제외한 모든 색상	반듯한 분위기 연출
Nave Blue	핑크 계열의 밝은 회색, 파스텔 보라, 와인, 흰색	단정하고 깔끔한 분위기 연출
Khaki	연 베이지, 연두, 브라운, 아이보리	세련된 분위기
Brown	베이지, 아이보리, 연노랑, 파스텔오렌지 살구색, 연초록, 검정 등 오렌지 계열	부드러운 이미지
Wine	검정, 회색, 파스텔 핑크, 베이지색	품격있는 분위기
Beige	검정 베이지, 아이보리, 카키, 브라운	부드러운 이미지
Grey	자주, 퍼플, 파스텔 핑크, 검정, 흰색	이지적인 이미지

06 메이크업 도구

메이크업 전문가가 가장 먼저 준비해야 할 부분은 자신이 사용하는 도구의 문제이다. 전문가는 자신이 사용하고 있는 도구의 준비가 미비하다면 전문가라 할 수 없겠다. 메이크업을 시술하기 전에 먼저 도구가 청결하고 시술하기 편한 위치에 잘 놓여져 있는가를 점검한다. 그리고 나서 손을 깨끗이 씻고 부득이한 경우 손소독을 하여 청결함을 유지해야 한다. 또한 사용 후 도구의 청결을 유지하여 다음 모델에 지장이 없도록 잘 관리해 두어야 할 것이다.

피부 표현 도구
화장용 스펀지(Sponge)

기초화장 효과는 맨손과 손가락만 사용할 경우보다 화장용 스펀지를 사용하면 더욱 전문성 있는 효과가 나타난다. 손가락은 단지 외곽 부분의 끝처리를 손질할 경우에만 이상적으로 쓰일 수 있다. 이러한 이유 때문에 몇 개의 둥근 납작한 스펀지를 사용하여 기초 화장을 하는 것이 바람직하다. 손바닥보다 크면 사용하기가 불편하므로 만일 시중에서 다양한 모양의 스펀지 구입이 어렵다면 유아용 스펀지를 적당한 크기로 잘라 사용할 수도 있다. 스펀지의 유연성을 증가시키려면 더운물에 세척한 후 촉촉할 정도까지 꽉 짜준다. 이렇게 하면 기초 화장품을 흡수하는 데 도움이 된다. 스펀지를 청결하고 양호한 상태로 유지시키기 위해서는 항상 사용 후 따뜻한 비눗물로 세척해 주어야 한다.

종류
- 해면 스펀지- 액체 파운데이션 작업에 사용하는데 파운데이션의 소모를 방지하는

장점을 지닌다.
- 라텍스 스펀지- 파운데이션을 골고루 곱게 펴 바를 때 사용하는데 특히 크림파운데이션이나 페이스 콤팩트(Face Compact)를 사용할 때, 컨실러를 펴줄 때 매우 간편하고, 쐐기모양은 콧망울 양옆 주름뿐만 아니라 속눈썹에 아주 가까이 파운데이션을 펴 발라줄 때 사용한다.

해면 스펀지

라텍스 스펀지

사용법

파운데이션을 고르게 피부에 펴주기 위해 기본적인 동작으로 일정량의 파운데이션을 찍어 두드리고 문지르는 방법이 가장 많이 사용된다. 이외에 문지르고 두드리는 방법, 두드리고 두드리는 방법, 문지르고 문지르는 방법 등 여러 가지가 있는데, 전문가들에 따라 사용하는 방법이 다르다. 그러나 무엇보다도 스펀지를 사용하여 파운데이션을 바를 때에는 손에 힘을 빼고 사용해야 한다는 점을 명심해야 한다.

파우더 퍼프(Powder puff)

퍼프는 주로 피부 표현 위에 파우더 가루를 바를 때 사용한다. 퍼프는 단단하지만, 유연성이 있어야 하고 장기간 제 품질을 유지할 수 있는 것으로 선택한다. 대부분 물에 세척할 수 있는 우단으로 만들어져 있다. 깃털로 만들어져 있는 퍼프도 있으나 길이가 길어서 과다한 분말을 흡수해 종종 매우 지저분하게 된다. 퍼프는 과하게 바른 볼 터치 가루를 털어 내는 데도 도움을 준다. 따라서 항상 2~3개 정도는 화장 용구 세트에 준비해 두어야 한다. 사용 후에는 따뜻한 비눗물로 세척해 펴서 건조시킨다.

파우더 퍼프

아이 메이크업 도구

브러시(솔)

브러시는 화장 도 구중 가장 중요한 품목으로서 본인이 관리만 잘한다면 몇 번이고 사용할 수가 있다. 처음에는 기본형 세트를 구입하여 사용하면 되는데 브러시의 털은 오소리, 조랑말, 염소, 담비의 것이나 혹은 이들의 털을 혼합한 것들이라도 반드시 자연모여야 한다. 털의 형태는 부드러운 것, 단단한 것 또는 크기가 작은 것, 큰 것 등으로 구별하여 사용해야 한다. 여기에 용도에 따른 브러시 종류를 알아본다.

종류

- 아이섀도 브러시 : 강한 컬러의 포인트와 성긴 아이섀도 분말을 펴 바르는데 사용된다.
- 베이스 아이섀도 브러시 : 눈꺼풀 위나 눈뼈 위에 아이섀도를 그릴 때 사용한다. 브러시의 크기는 화장하는 눈 부위에 따라서 달라진다. 끝이 넓적하고 숱이 많고 끝이 약간 둥근형의 브러시를 선택한다. 솔이 부드러워야 그라데이션할 때 자국이 남지 않는다.
- 작은 아이섀도 브러시 : 끝이 둥근 브러시는 용도가 본래의 눈 윤곽을 돋보이게 하는데 사용된다. 끝이 각이 지거나 네모진 브러시는 좀 더 뾰족한 부분의 윤곽을 뚜렷하게 하는데 사용된다.
- 컨실러 브러시 : 브러시는 부드러우나 한편 단단한 털로 되어 있고 얼굴 부위를 강조하거나 음영을 만들거나 보완 효과를 나타낼 경우에 사용한다.

- 아이라이너 브러시 : 액체나 케이크 타입의 아이라이너를 바르는 데 사용하거나 아이라이너 펜슬 사용 후 번지게 하거나 문지르는 데 쓰인다.

아이섀도 브러시   작은 아이섀도 브러시

컨실러 브러시   아이라이너 브러시

볼터치 & 립 도구

- 볼터치 브러시 : 털이 부드럽고 광대뼈 부위를 터치 할 때나 얼굴선을 부드럽게 할 때 사용한다.
- 립 브러시 : 단단한 브러시로서 립스틱이나 입술 광택제(립 글로스)를 바를 때 쓰인다. 또한 깨끗한 립 라인을 그리기 위해 어두운 색상의 립스틱을 이용, 입술 바깥 선을 그릴 때도 사용한다.
- 립라이너 브러시 : 가늘고 둥근 립브러시는 섬세한 입술 라인을 그리 대 편리하고

입술 산과 입술 구각과 같이 섬세하게 선을 그려야 하는 립 라인 처리에 효과적인 브러시이다.
- 립펜슬 : 아이브로루 펜슬과는 달리 부드럽고 색이 잘 펴지는 연 타입이다.
- 파우더 브러시 : 일단 크고 부드러운 것이 좋으며 파우더 가루를 털어 내는 데 쓰인다. 메이크업을 끝내고 마무리할 때 꼭 필요한 도구이다.

볼터치 브러시   립 브러시   립라이너 브러시

립펜슬   파우더 브러시

눈썹, 마스카라도구

- 아이브로우 브러시 : 눈썹을 정리하기 전에 상, 하, 좌, 우로 빗어 주어 눈썹 모양과 위치를 확인한 후에 눈썹 손질에 들어간다.
- 마스카라 빗 : 프라스틱 빗으로 눈썹을 빗은 뒤 가위로 자른다.
- 속눈썹 다듬솔 : 형태는 마스카라 봉과 유사하고 마스카라를 칠한 다음 속 눈썹을 분리시키는 데 사용한다. 다듬솔은 또한 눈썹을 정렬시키고 형태를 다듬는 데 쓸

수 있다.
- 각진 눈썹 브러시 : 단단한 나일론 솔의 각진 브러시로 채색과 눈썹의 형태를 만드는 데 사용한다.
- 뷰러 : 눈매를 또렷하게 보이도록 하기 위해 사용하는 도구로 속눈썹을 올려주는 역할을 한다. 직선이나 짧은 속눈썹에 곱슬형을 주거나 좀 올릴 필요가 있을 때 사용하면 좋다. 항상 마스카라를 사용하기 전 이 기구를 사용하는데 그렇지 않으면 속눈썹이 부러지거나 떨어지기 쉽다.
- 눈썹 가위 : 눈썹 모양을 정리할 때 사용하며 곡선 모양으로 된 가위는 눈썹의 지저분한 털을 부드럽게 정리할 때 사용하며, 커터는 눈썹 숱을 정리할 때 사용하며 눈썹 길이를 조절하기에 적당하다.

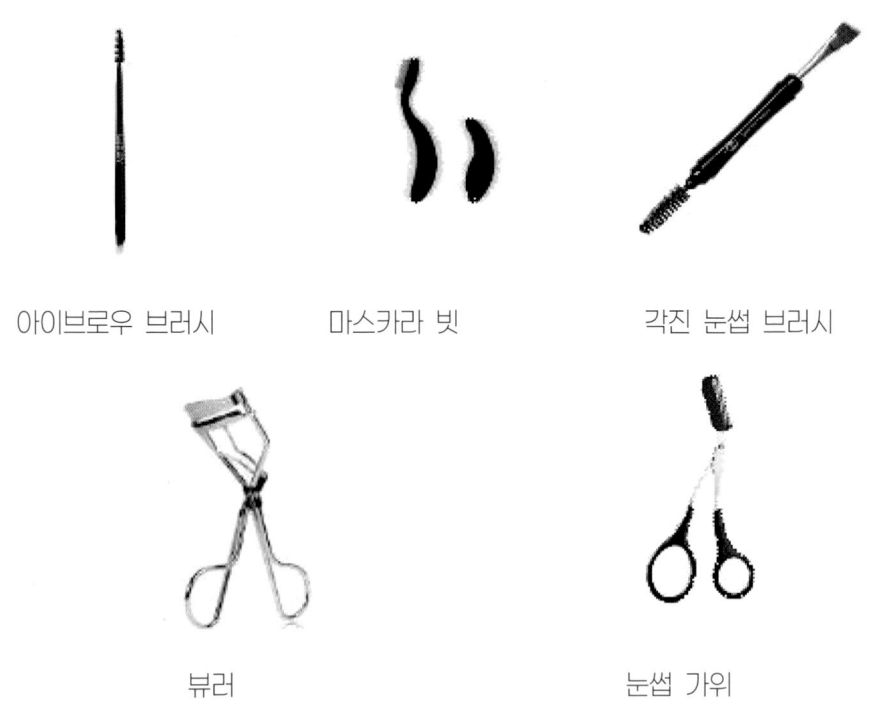

아이브로우 브러시   마스카라 빗   각진 눈썹 브러시

뷰러   눈썹 가위

07 메이크업 베이스

　피부 표현 화장에서 전체 메이크업의 약 80%의 효과를 결정해 줄 정도로 중요한 부분이 메이크업 베이스이다. 파운데이션을 바르기 전에 발라주는 밑 화장용 제품을 말한다. 파운데이션의 퍼짐을 좋게 하고 균일하게 잘 밀착되도록 하여 파운데이션 화장 효과를 높여준다. 색상 표현이 안 되는 무색과, 청색, 그린, 핑크, 옐로 등의 색상이 가미된 메이크업 베이스가 있어 피부색을 조절할 수 있다.
　메이크업 베이스는 본인의 피부색에 잘 맞는 컬러 선택과 피부 타입에 맞는 제품 선택으로 피부의 질감을 개선시켜 보이게 하고, 얼굴형을 수정·보완해 단점을 커버시켜 메이크업의 상승효과를 얻게 된다.
　메이크업 베이스에는 리퀴드타입과 크림타입이 있다. 먼저 리퀴드타입(Liquid Type)은 리퀴드 타입은 수분을 많이 함유하고 있는 제품으로, 적절한 컬러를 선택하여 손으로 가 부위에 적당량을 펴 바르는 방법과 라텍스를 이용해 펴 바르거나 두드리는 방법 등이 있다. 크림타입(Crean Type)은 리퀴드 타입의 제품보다 커버력이 강한 제품으로 일명 컨실러(Concealer)라 하며, 브러쉬나 면봉을 이용해 커버하고자 하는 부위에 펴 바른 후 브러쉬로 블렌딩하거나 라텍스에 물을 적셔 잘 두들겨 커버해 준다.
　메이크업 베이스는 색이 다양한데 알고 쓰면 자신을 한결 돋보이게 할 수 있다.
- 흰색(white)은 얼굴 톤을 한 톤 밝게 표현할 때 사용한다.
- 연핑크색(pink)은 혈색이 나쁜 창백한 피부에 사용한다.
- 베이지색(beige)은 자연스러운 피부색을 표현하고자 할 때/모든 피부에 적합하다.
- 연두색(green)은 붉은피부, 기미 등 잡티가 있는 피부에 사용한다.
- 보라색(purpoe)은 칙칙한 얼굴을 화사하게 표현할 때 사용한다.
- 주황색(orange)은 썬탠한 느낌의 건강한 피부색을 표현할 때 사용한다.

08 파운데이션

파운데이션(Foundation)은 피부색을 결정짓는 중요한 화장품이다. 파운데이션은 얼굴에 맞는 색상을 찾아 원하는 이미지의 피부색을 표현해야 한다. 또한 파운데이션은 피부의 결점인 기미, 잡티 등을 커버해 주며 공해, 먼지, 자외선 등 외부의 자극으로부터 피부를 보호해 준다. 또한 얼굴의 윤곽을 수정해 주고 입체감을 준다. 파운데이션은 리퀴드 타입, 크림 타입, 고형 스틱 타입, 수성 타입 등 4가지가 있다.

- 리퀴드 타입 파운데이션은 투명감 있는 자연스러운 커버력으로 곱고 매끈한 피부 표현에 효과적인데 처음 화장하는 사람이나 내추럴 피부로 표현하고 싶을 때 좋다. 또한 부드럽고 쉽게 퍼지며 투명한 마무리가 특징이며 건성피부에 적합하다.
- 크림 타입 파운데이션은 리퀴드 타입 파운데이션보다 커버력이 더 우수하며 모든 피부에 일반적으로 사용이 무난하고 건조한 계절에 사용하면 적당하다. 또한 적당한 커버력으로 촉촉하고 윤기 있는 화장을 할 수 있다.
- 고형 스틱 타입 파운데이션은 다른 종류의 파운데이션보다 커버력과 지속력이 우수하며, 얼굴의 기미나 주근깨 등이 매끈하게 감춰져 깨끗한 피부 표현에 좋아 일반적으로 전문 메이크업 아티스트용으로 많이 사용된다. 단점은 두께감 때문에 피부 표현이 부자연스러울 수 있다.
- 수성 타입 파운데이션은 시원하고 산뜻한 감촉의 2층 타입 수용성 파운데이션으로 가볍고 밀착감 있게 마무리되며 덧바르는 정도에 따라 커버력을 조절할 수 있다.

09 파우더

파우더(Powder)는 고체 물질을 분쇄하여 만든 미세한 입자로 피부를 매끄럽게 만들고 광택을 제거하는 데 사용된다. 또한 메이크업을 고정하고 지속력을 높이는 데 도움이 된다. 파우더는 콤팩트 타입의 파우더와 훼이스 파우더가 있다.

- 콤팩트 타입의 파우더는 가볍고 차분한 사용 효과로 자연스러운 마무리 화장을 원하는 사람에게 적당하다. 가을, 겨울과 같은 건조한 계절에 좋으며 휴대하기가 간편하다. 콤팩트와 파우더의 중간 타입으로 사용감이 촉촉하면서 블루밍 효과가 우수한 압축 분백분이 있다. 모든 계절에 사용할 수 있으며 휴대가 가능하다.
- 보통 훼이스 파우더라고 하는 파우더 분백분은 유분 조절 효과가 우수하다. 블루밍 효과가 가장 우수하며 지속력이 좋아 오랜 시간 화장을 지속하길 원하거나 화사한 피부 표현을 원할 때 좋다. 파운데이션 후 파우더를 사용하므로 피부에 잘 스며들도록 하며 번들거림을 방지하고 메이크업을 고정, 지속시키는 역할을 한다.

10 아이섀도

　아이섀도(Eyeshadow)는 눈 그림자(빛 + 물체)를 표현하는 것으로 눈 주변에 색상을 발라 음영과 입체감을 주어 생동감 있는 눈의 표정을 연출하는 목적이 있다. 아이섀도는 베이스 컬러와 메인 컬러, 포인트 컬러를 적절하게 사용해야 입체적인 아이 메이크업을 할 수 있으며 하이라이트 컬러를 사용하면 더욱 효과적이다.
　색조 화장품인 아이섀도의 경우, 자기 마음에 드는 색상을 고르는 것이 무엇보다 먼저이겠지만, 민감한 눈 주위에 발라야 함을 염두하고 자극이 없는 것을 선택하는 것이 중요하다. 가루 날림이 적고, 피부에 밀착감 있게 펴 발라지는 것이 좋은 아이섀도다.
　빛이 쏘여지는 곳에서 가장 먼 곳이 어둡게 표현되어야 하고, 돌출된 곳은 밝게 나타내야 한다. 그래서 눈의 동공 부분과 눈썹 뼈 부분을 밝게 하이라이트로 마무리하는 이유이다.
　또한 다양한 색상을 이용해 눈 모양의 단점을 보완하는 효과와 자기만의 개성을 살려 아름다움을 적극적으로 표현하는 데 가장 많이 사용되는 제품이기도 하다. 눈 가까이 바르는 것이므로 질감이나 향의 안정성이 꼭 따라주어야 하고 발색력도 좋아 피부에 자극이 되지 않도록 하여야 한다.

11 아이브로우

아이브로우(eyebrow)는 눈썹에 바르는 색조 화장품으로 눈의 모양을 수정하거나 강조하려면 눈썹의 모양도 함께 수정을 해주어야 원하는 이미지를 연출할 수 있다. 먼지, 땀, 이물질로부터 눈을 보호하는 역할을 하며, 얼굴의 윤곽을 강조하고 매력적인 얼굴 특징을 만들어 내는 데 도움이 된다.

눈의 모양과 직접적인 관계가 없는 듯이 보이지만 사람의 인상을 좌우하는 데 가장 중요한 것이 바로 눈썹이다. 아이브로우는 눈썹을 찌푸리거나, 놀라움을 표현하는 등 다양한 얼굴 표정을 만드는 데 중요한 역할을 한다. 눈썹을 어떻게 그리는 가에 따라 자신감 넘치는 여성으로, 얌전하고 소극적인 여성으로, 화려하고 섹시한 여성으로 변신할 수 있기 때문에 아이 메이크업에 중대한 영양을 미치는 것이다.

※ 눈썹 형에 따른 인상 변화

구분	특징
둥근형의 눈썹	• 부드럽고 여성스러운 이미지에 평온해 보이고 고풍스러워 보인다. • 각진 얼굴에 어울린다. • 한복을 착용할 때 하는 메이크업 스타일이다.
각진 눈썹	• 눈썹 산이 샤프하여 의지가 강해 보인다. • 도시적인 세련미와 지적인 이미지이다. • 둥근 얼굴에 어울린다. • 많은 여성들이 연출하는 스타일이다.
직선형 눈썹	• 중성적이며 활동적인 이미지이다. • 긴 얼굴에 어울린다. • 신세대적 젊은 분위기이다. • 짧고 굵게 표현하면 귀족적으로 보인다.

※ 주의 사항 : 이미지 변화를 가지려고 너무 과장하여 그리면 어색하며 유행에 너무 민감하게 표현하는 것도 문제로 나타날 수 있다.

12 아이라이너

아이라이너는 눈꺼풀 가장자리에 선을 그어 눈을 더욱 매력적으로 보이게 하는 화장품이다. 다양한 종류와 색상의 아이라이너가 있으며, 각자의 눈매와 원하는 메이크업 스타일에 맞는 제품을 선택하는 것이 중요하다.

아이라이너는 부드럽고 자연스러운 라인을 그리는 것이 키포인트다. 아이라이너는 리퀴드 타입, 케이크 타입, 펜슬 타입이 있다.

리퀴드 타입

리퀴드 타입의 아이라이너는 가늘고 선명하여 매끈한 라인을 그릴 수 있다. 빨리 건조되며 다른 타입의 아이라인보다 지속성이 좋다. 리퀴드 타입에는 필름 막이 형성되어 제거할 때 떼어내는 것과 물로 씻어내는 두 가지 타입이 있다.

케이크 타입

케이크 타입의 아이라이너는 자연스러운 표현이 장점이며 물의 양에 따라 색상이 짙고 옅음을 조절할 수 있다. 그러나 화장수나 물을 가지고 사용하는 번거로움과 숙련된 테크닉이 필요한 제품이다.

펜슬 타입

펜슬 타입의 아이라이너는 초보자에게 가장 적합하다. 사용이 간편하고 자연스러우며 손쉽게 화장할 수 있다. 펜슬 타입에는 샤프펜슬 타입과 연필 타입이 있다. 그리기가 쉽지 않아 망설이는 사람들이 많지만 몇 번 하다 보면 간단하면서도 효과가 크다는 사실에 놀라게 된다.

아이라이너 역시 민감한 눈 주위에 사용하는 것이라 부작용이 없어야 한다. 내수성이 우수하고 부착력이 좋아 잘 발라지면서도 오래도록 지속되는 아이라이너일수록 좋다. 액상 타입이라면 건조 속도가 적당하고 사용하기 적당한 점도를 가지고 있으며 자연스럽고 유연한 피막을 형성할 수 있어야 한다.

※ 눈 모양에 따른 아이라이너 기법

구분	특 징
홑 커플 눈	• 전체적으로 일정하게, 평범한 눈보다는 굵게 그려준다. • 눈썹 사이 흰 부분이 있으면 펜슬로 메꾼다.
쌍 커플이 있으면서 들린 눈	• 최대한 가늘게 같은 굵기로 그려준다. • 속살이 보이는 눈은 오히려 생략하는 것도 인상관리에 좋다. • 흰자위가 시작되는 지점에서 꼬리 부분을 자연스럽게 빼 줄 수 있다. • 언더 라인은 펜슬로 1/3 정도를 그려준다.
눈꼬리가 처진 눈	• 눈꼬리로 갈수록 두껍게 살짝 올려 빼준다.
눈꼬리가 올라간 눈	• 눈꼬리 부분을 가늘게 최대한 아래로 그려주고 펜슬을 이용해서 언더 라인을 도톰하게 그려준다.
눈두덩이 부어 보이는 눈	• 눈 앞머리에서 꼬리로 갈수록 굵어지게 표현하고 언더 라인은 생략한다.
눈 길이가 짧고 작은 눈	• 눈 중앙에서 꼬리로 갈수록 두꺼우면서 약간 길게 뒤로 빼준다. • 언더 라인도 다소 도톰하게 위의 라인과 연결되도록 하여 아이섀도와 어우러지게 한다.
가늘고 긴 눈	• 눈 앞머리, 꼬리를 가늘고 눈동자 부분은 약간 굵게 그려준다.

13 마스카라

마스카라는 속눈썹에 바르는 화장품으로, 속눈썹을 길고 굵게 만들고, 풍성하게 표현하며, 눈매를 더욱 매력적으로 연출하는 데 도움을 준다. 다양한 종류와 효과의 마스카라가 출시되어 있어, 개인의 속눈썹 상태와 원하는 효과에 맞는 제품을 선택하는 것이 중요하다.

속눈썹에 깊이감과 풍성함을 주어 눈이 커 보이고 선명해지기 때문에 눈의 형태를 바꾸어 주지는 않더라도 아이 메이크업에 빠질 수 없는 것이 마스카라다. 속눈썹을 길고 진하게 보이도록 해주어 눈이 크고 생기 있어 보이게 한다. 눈의 표정을 풍부하게 표현하고 싶다면 마스카라를 잘 활용하면 된다.

마스카라는 액상 타입으로 속눈썹 하나하나에 섬세하게 발라지며 컬러링 효과가 우수해 속눈썹을 위로 고르게 올려준다. 일반 리퀴드 타입 마스카라와 섬유질이 함유된 마스카라가 여기에 속한다. 섬유질이 함유된 마스카라는 속눈썹 한올 한올에 섬유질이 부착되어 자신의 속눈썹보다 길고 부피감 있게 표현된다. 속눈썹이 짧거나 빈약한 사람에게 아주 효과적이다.

케이크 타입 마스카라는 컬러링 효과가 뛰어나며 눈 화장이 깨끗하게 오랫동안 지속되는 것이 장점이다. 브러쉬에 화장수나 물을 묻혀 내용물을 갠 후 속눈썹에 바른다.

14 눈의 모양에 따른 교정기법

눈초리가 올라간 형

1) 커버 메이크업(부드럽고 여성스럽게)

눈초리가 올라간 사람은 날카로운 인상을 주기 때문에 화장을 둥그스름하게 해야 부드러운 이미지를 만들어 줄 수 있다.

구분	특 징
눈썹	• 눈썹은 거의 직선의 느낌이 들도록 각이 거의 없이 둥글려서 부드럽게 그려준다. • 눈썹 산에 각을 주면 올라간 눈과 더하여 굴곡이 많아 보이기 때문이다.
아이섀도	• 언더 라인을 따라서도 섀도를 해주어 포인트를 아래로 내려준다. • 눈두덩은 오렌지 계열의 밝은 브라운 컬러로 앞과 중간은 약간 진하게, 끝은 흐리게 마무리한다.
아이라인	• 자연스럽게 눈 모양을 따라 그리되 눈초리가 올라가기 시작하는 부분 앞에서 짧게 끝을 내어 올라간 눈초리는 강조하지 않는다.

2) 강조 메이크업(도전적인 이미지로 연출)

요즘은 오히려 눈초리가 올라가고 쌍꺼풀이 없는 눈이 각광 받고 있는 시대다. 올라간 눈초리를 강조해 자신만만하고 도전적인 매력을 만들어 본다.

구분	특 징
눈썹	• 눈썹 산을 일반적인 2/3 지점보다 뒤쪽에서 각지게 그려주고 꼬리를 짧게 하여 눈초리가 더 올라가는 느낌으로 날카롭게 표현한다.
아이섀도	• 자신만만하고 과감한 느낌이 들도록 진한 브라운 섀도를 하되 눈 모양에 따라 길고, 끝이 눈초리를 따라 위쪽으로 올라가도록 그려준다.
아이라인	• 아이라인은 진하게 그리는데 강렬하고 섹시한 느낌이 들도록 복고풍 화장처럼 눈초리 부분을 위로 올려서 빼준다.

눈초리가 처진 형
1) 커버 메이크업(스마트하고 선명한 이미지로)

눈초리가 처진 눈은 똑똑하고 야무진 인상을 주기 어렵고 기운이 없고 우울한 인상을 주기 쉬우므로 눈초리를 끌어올리는 느낌의 화장으로 커버한다.

구분	특 징
눈 모양	• 처진 눈 모양의 위아래 라인을 미리 아이펜슬로 올려서 그려주어 눈 전체 윤곽을 수정해 준다.
아이섀도	• 앞부분은 옐로 계통으로 가능한 산뜻하게 표현해 주고 끝부분은 그린 계열로 강조해 주어 처진 눈초리가 올라가 보이도록 한다.
아이라인	• 앞부분은 가늘고 중간 이후는 굵고 길게, 끝이 위로 올라가도록 그려서 눈의 모양이 뚜렷해지도록 해준다.

나) 강조 메이크업(착하고 순한 이미지 그대로)

처진 눈은 여성스럽고 감미로운 느낌을 주기도 한다. 처진 눈 모양이 가지고 있는 착하고 순한 이미지를 살려 부드럽게 표현한다.

구분	특 징
눈 모양	• 눈 전체 윤곽선을 아이펜슬을 이용해 처진 눈 모양을 따라 선명하게 그대로 그려서 강조해 준다.
아이섀도	• 귀엽고 순한 느낌이 나도록 전체적으로 동그랗게 표현한다. • 손등에서 그린과 블루를 섞어 섀도를 넓게 바르고 눈 아래 언더 라인에도 연하게 발라준다.
아이라인	• 아이라인의 끝을 생긴 모양대로 아래로 내려 강조해 주고 위 아래 속눈썹에 마스카라를 풍성하게 발라주어 귀여운 느낌이 들도록 한다.

눈이 부어 보이는 형

1) 커버 메이크업(차분하고 지적으로 보이게)

쌍꺼풀이 없거나 얇게 져서 외꺼풀처럼 보이면서 부어 보이는 눈은 우리나라 여성의 기본 눈매로 작고 답답해 보이므로 전체적으로 음영을 준다.

구분	특 징
눈 모양	• 눈썹은 가늘고 샤프하게 그리되 각이 지고 끝이 길지 않게 그린다. • 눈썹 산을 확실히 살려주면서 시원하고 높게 그려주는 것이 포인트.
아이섀도	• 눈두덩이 부어 보이지 않도록 진한 브라운을 눈두덩 전체에 얇게 그라데이션 시켜 펴 바른 후 화이트 컬러를 이용해 하이라이트를 강렬하게 준다.
아이라인	• 라인을 다소 두껍고 길게 그려주어 눈매가 또렷해 보이도록 한다. • 마스카라는 덧칠을 여러 번 해서 풍성하고 깊이감이 느껴지도록 한다.

2) 강조 메이크업(요즘 유행 스타일로 귀엽게)

부어 보이는 듯한 눈을 억지로 감추려고 하지 말고 역으로 부드러운 동양인만의 고전적인 눈매를 강조한다. 눈두덩 전체에 자연스러운 입체감을 주는 것이 포인트다.

구분	특징
눈 모양	• 반달 모양으로 동그랗게 그려 고전적인 눈썹형을 만들어 준다. • 이때 앞머리는 자연스럽게 살려주는 것이 더 귀여워 보인다.
아이섀도	• 화사한 레인보우 펄을 눈두덩 전체에 고루 펴바른 후 진한 블루로 앞머리와 눈초리를 바르고 중간 공간은 펄로 밝게 메워준다.
아이라인	• 아이라인은 얇고 길게 그려서 자연스러운 느낌이 나도록 하고 전체적으로 인조 속눈썹을 붙인 위에 마스카라를 풍성하게 발라 귀여운 이미지를 연출한다.

눈이 움푹 들어간 형

1) 커버 메이크업(어리고 생기있게 보이도록)

움푹 들어간 눈은 시원하고 서구적인 눈매처럼 보이지만 나이가 들어 보이고 피곤해 보일 수도 있으므로 밝은 컬러로 눈이 돌출되어 보이도록 한다.

구분	특징
눈 모양	• 가늘고 부드러운 곡선으로 표현하여 눈썹 산에 각을 주지 말고 자연스럽고 둥글게 그려준다.
아이섀도	• 펄이 들어간 밝은 색상으로 눈 앞머리와 눈 아랫부분을 밝게 칠해주고 진한 브라운으로 눈초리 쪽과 아래 라인을 자연스럽게 연결시킨다.
아이라인	• 아이라인은 자연스러운 라인으로 가늘게 그려주고 마스카라를 섬세하고 깔끔한 느낌이 들도록 정성껏 발라준다.

2) 강조 메이크업(시원하게 서구적인 눈매로)

입체적으로 보이는 들어간 눈은 컬러감을 살려서 깊이감을 주면 서구적인 분위기의 시원스러운 느낌을 연출할 수 있다.

구분	특 징
눈 모양	• 서양인의 눈썹에서 많이 볼 수 있는 형태로, 가늘면서 약간 각이 지고 끝이 날씬하게 빠지면서 약간 올라간 듯한 느낌으로 날렵하게 그린다.
아이섀도	• 연한 자주색으로 눈두덩이 전체에 깊이감을 주고 진한 자주로 눈끝을 강조하면서 아래와 연결시켜 눈매를 또렷하게 표현한 후 핑크로 하이라이트를 강조한다.
아이라인	• 아이라인은 굵고 길게 그리면서 끝을 얇게 빼서 샤프하고 또렷한 느낌이 들도록 하고 인조 속눈썹 위에 마스카라를 풍성하게 발라 입체감을 더해준다.

눈 길이가 짧은 형

1) 커버 메이크업(길고 시원스럽게)

길이가 짧은 눈은 귀여워 보이기는 하지만 답답해 보인다는 단점도 가지고 있다. 눈초리 부분을 길게 강조하여 시원스러운 눈매로 표현한다.

구분	특 징
눈 모양	• 눈썹 산의 각을 부드럽게 하여 끝을 약간 길게 빠지도록 그려서 눈두덩이 시원스럽게 많이 드러나도록 해준다.
아이섀도	• 눈두덩 전체에 밝은 베이지를 넓게 발라주고 진한 브라운으로 중간부터 눈초리까지 길게 빼준다. 언더 라인도 길게 빼서 위와 연결시킨다.
아이라인	얇고 길게 옆으로 빼듯이 그려서 눈매가 길어 보이도록 한다. 인조 속눈썹은 끝에만 붙여서 눈초리가 길고 선명해 보이도록 강조한다.

2) 강조 메이크업(인형처럼 동그랗고 깜찍하게)

길이가 짧은 눈은 동그랗고 귀여워 보인다는 특징이 있다. 그 특징을 잘 살려 요즘의 유행처럼 귀엽고 깜찍한 스타일의 인형 같은 눈을 만든다.

구분	특 징
눈 모양	• 아치형으로 둥글 게 그려 전체적으로 동그랗고 귀여운 이미지를 만들어 준다. • 꼬리는 짧게 자연스러운 느낌이 들도록 아이섀도로 그려주는 것이 좋다.
아이섀도	• 유행색인 핑크와 오렌지를 섞어서 넓고 엷게 발라주어 답답한 이미지를 귀여운 이미지로 바꾼다. • 언더 라인도 동그랗게 발라주면 더욱 효과적이다.
아이라인	• 눈 모양을 따라 동그랗게 그려주고 인조 속눈썹을 잘라 가운데 부분에만 붙인후 마스카라를 듬뿍 발라주면 인형처럼 귀엽고 깜찍해 보인다.

양쪽 눈이 짝짝이 형

1) 커버 메이크업(작은 눈을 크게 해서 선명하게)

우리나라 여성의 80% 이상이 한쪽 눈이 더 크거나 한쪽에만 쌍꺼풀이 있는 짝짝이 눈, 작은 쪽을 큰 쪽에 맞추어 그려주면 선명하고 시원한 눈으로 표현된다.

구분	특 징
눈 모양	• 아이 메이크업을 강조해도 어색해 보이지 않도록 눈썹 산의 각을 부드럽게 하여 끝이 약간 길게 그려준다.
아이섀도	• 작은 눈에 아이섀도를 여러 번 덧발라서 자연스러우면서도 좀 더 진한 색상이 나오도록 하여 선명한 눈매가 포인트가 되도록 한다.
아이라인	• 작은 눈에 아이라인을 좀 더 두껍게 바른다. • 마스카라를 바를 때도 작은 눈의 중간 부분을 더 두껍고 풍성하게 발라 숱이 많아 보이도록 한다.

2) 강조 메이크업(큰 눈을 작게 해서 자연스럽게)

요즘은 자연스럽고 화장을 안 한 듯한 누드 메이크업이 유행하고 있는 추세다. 큰 쪽을 작은 쪽에 맞추어 자연스럽고 귀엽게 연출한다.

구분	특 징
눈 모양	• 화장을 했다는 느낌이 많이 들지 않도록 눈썹은 섀도를 이용해 아치형으로 자연스럽고 짧게 그려 귀여운 느낌이 들도록 한다.
아이섀도	• 요즘 가장 유행하는 파스텔 핑크로 전체를 펴 발라 자연스럽고 귀엽게 표현한다. • 같은 색상으로 아이라인을 기준으로 덧발라 전체적인 명암을 주면 된다.
아이라인	• 강하게 표현되지 않도록 하는 것이 포인트. • 특히 큰 눈의 아이 라인은 가늘 게 그려서 자연스러움을 연출한다. • 작은 쪽은 마스카라를 좀 더 풍성하게 바른다.

15 립스틱

　립 메이크업의 주요 아이템이 바로 립스틱이다. 고형의 스틱으로 되어 있어 휴대하기도 간편해 수시로 입술 화장을 손 볼 수 있다. 가볍고 부드러운 감촉으로 밀착감 있게 발라지며 입술의 윤곽을 살리고 자연스러운 색감을 표현하는 데 좋다. 립스틱은 입술에 혈색과 생기를 부여하여 여성스러움과 수분, 유분의 밸런스를 건강하고 촉촉함을 유지시켜 주고, 외부 자극이나 자외선으로부터 입술을 보호해 준다.
　립스틱을 발랐을 때 피막이 입술에 잘 붙어 있어야 하며 시간이 지나더라도 색상이 균일하게 남아있어야 한다. 그리고 립스틱은 입술을 마르지 않게 해야 하고 부드럽고 자극이 없으며 냄새가 불쾌함이 없어야 한다. 온도변화에 흐르거나 이슬이 맺히지 않아야 하며 적당한 윤기가 돌아야 하는 성질을 갖고 있어야 한다.
　립스틱 바르는 순서는 다음과 같다.

입술선 지우기 → 립라인 그리기 → 입술 메꾸기 → 티슈 누르기 → 파우더 살짝 누름 → 립스틱 덧바르기 → 완성, 거울 보기

※ 촉촉하고 윤기 나는 분위기 연출을 위한 방법
- 립 라이너로 전체를 메꾸고 립글로스를 발라 윤기를 내어 은근한 매력을 발휘한다.
- 립 라이너로 입술을 그린 후 립글로스로 메꾸어 풋풋한 느낌을 주게 한다.
- 립스틱 + 펄 파우더 : 기존의 립스틱 이외에 펄 파우더를 발라 입체감과 윤기를 준다.
- 라인을 만들지 않고 립글로스만 발라 순수하고 어린 분위기를 연출한다.
- 립스틱 후 가운데 부분만 펄감이 드는 립스틱으로 바르면 섹시한 분위기를 표현할 수 있다.
- 립스틱 위에 립글로스를 전체적으로 덧바르면 볼륨감 있는 입술이 된다.

※ 입술 모양에 따른 테크닉

구분	특 징
두꺼운 입술	• 베이스를 처리할 때 입술 색깔을 안 보이게 넣는다. • 립 라인보다 1mm 줄여 그려준다. • 색상은 짙은 컬러로 라인을 그려주고 파우더의 잔여분으로 누른 후 립스틱을 꼼꼼히 메꾸어 바른다. • 너무 과장해서 줄이면 오히려 어색한 모양이 된다.
얇은 입술	• 인상이 예민해 보일 수 있다. • 립 라인보다 1~2mm 눌려서 부풀어 오른 듯 그린다. • 라인을 립스틱의 색상보다 짙은 색의 펜슬로 표현한다. • 경계선이 나타나지 않도록 펜슬 라인까지 꼼꼼히 펄감이 드는 색상을 덧바르면 도톰해 보이는 효과를 볼 수 있다.
짧고 작은 입술	• 립 라인보다 1~2mm 늘려서 입술 위 아래, 옆에까지 그린다. • 입을 벌렸을 때 옆 구각에 2mm 정도로 위아래가 모두 도넛 모양이 되어야 한다. • 인상이 다소 갑갑해 보였던 분위기가 편안해 보인다.
처진 입술	• 컨실러로 처진 입술의 끝을 잘 펴 바른다. • 펜슬로 입술 끝에서 약간 1~2mm를 올려 준다. • 아랫입술 끝이 윗입술 끝과 연결되게 올려 준다. • 립스틱으로 메꾸어 준다. • 파우더로 살짝 누른 후 다시 한번 덧바른다.
남성적인 입술(각진 입술)	• 인상이 거칠어 보일 수 있다. • 모든 메이크업을 잘하고도 마무리 단계에서 실패할 수도 있다. • 컨실러, 파우더를 이용하여 립 라인의 형태를 없앤다. • 입술 산이 약간 먼 듯하게 둥글려 라인을 떠서 여성스럽고 부드러운 느낌으로 교정한다.
한쪽이 기울어진 입술	• 컨실러 파우더를 이용해 립 라인의 형태를 없앤다. • 짙은 색상으로 대칭이 되게 라인을 뜨고 립스틱으로 메꾸어 마무리한다.

16 블러셔

 블러셔는 피부에 혈색을 주어 건강미를 나타내기도 하고 얼굴의 윤곽을 적절하게 수정해 주기도 한다. 메이크업의 전체적인 분위기를 좌우하는 중요한 역할을 하며 케이크 타입과 크림 타입이 있다. 가장 일반적으로 사용되는 케이크 타입은 브러시를 이용해 바르면 된다. 색감 표현이 용이하고 자연스러워 화장을 처음하는 사람이라도 손쉽게 바를 수 있는 블러셔이다. 크림 타입은 주로 윤곽 수정용으로도 많이 쓰인다. 파우더를 사용하기 전에 바른다.
 전체적인 얼굴의 분위기를 생기 있게 바꾸어 놓고 혈색을 부여해 건강미와 여성미가 잘 표현될 수 있도록 한다. 나이에 따라 귀엽고 발랄한 분위기와 순수한 느낌을 표현하기도 하고 얼굴형에 맞추어 윤곽, 균형을 맞추어 주는 기능을 한다.

※ 얼굴형 별 볼 터치와 핸디캡 수정

구분	특 징
긴 얼굴형	• 귀 부분에서 볼 뼈의 방향을 향해 길지 않게 가로 분위기로 얼굴 균형을 조절한다. • 젊고 어린 여성은 양 볼에 둥글고 부드럽게 그라데이션을 한 후 귀엽고 발랄하게 표현한다.
둥근 형	• 얼굴이 갸름해 보이도록 귀 부분에서 입꼬리 방향으로 표현한다. • 귀에서 힘을 주고 내려오면서 힘을 빼 자연스러운 그라데이션으로 표현한다. • 귀밑에서 턱까지는 샤프해 보이도록 그림자 윤곽 수정을 한다.
사각형	• 부드러운 여성미를 표현해야 하므로 볼 뼈에 살짝 볼 터치를 하고 귀 중심에서 시작하여 턱 중심 끝 방향으로 넓게 그림자 윤곽을 넣어 그라데이션을 한다.
역삼각형	• 화려하게 표현하는 것이 좋다. • 광대뼈 밑에 움푹한 부분과 아래쪽을 둥글게 그라데이션을 한다. • 얼굴 하단 부분이 외소해 보일 수 있으므로 입술의 크기를 도톰하게 늘려 표현한다. • 이마 상단 양쪽이 넓어 보일 수 있으므로 윤곽 수정을 하여 균형을 맞춰준다.
계란형	• 볼 뼈 아래 주변에서 약간 넓게 표현한다.

01 네추럴 메이크업

네추럴 메이크업(Natural Make up)에서 네추럴은 '자연의', '가공하지 않은', '보통의'라는 뜻을 가지고 있는 말로 네추럴을 한마디로 정의하기에는 어렵다. 인위적인 메이크업보다는 자연 그대로 연출하는 메이크업이다. 따라서 얼굴 형태나 피부톤, 결점 등을 완벽하게 커버하기보다는 자연스러운 메이크업으로 처음 화장을 접하는 경우라도 편안하고 무난하게 어울리는 메이크업이다.

표현	내용
Base	• 피부톤에 맞게끔 베이스 컬러로 피부톤을 조절한 뒤 리퀴드 타입의 파운데이션으로 얇게 펴 바른다. • 인위적인 High Light나 Shading도 부드럽게 표현하고, 파우더양도 소량으로 유분기만 잡아주도록 한다.
Eyebrow	• 네추럴한 분위기를 살리기 위해 한 올 한 올 심듯이 터치한 후 브라운 섀도우로 덧바른다. • 너무 가늘어지지 않도록 하고 눈썹 앞머리도 너무 짙지 않도록 해준다.
Eye	• 아이보리나 연 브라운으로 눈두덩이를 전체적으로 펴 바른 뒤 포인트 컬러는 그 범위가 넓지 않도록 하여 살짝 터치를 한다. • 아이라인의 경우는 펜슬 타입이나 케익 타입으로 자연스럽게 눈 모양을 따라 표현하고 속눈썹 또한 숱이 너무 많은 것은 피하도록 한다.
Lip	• 지나친 입술 라인의 수정은 부자연스러우므로 모델의 입술 라인을 최대한 살리고 쉐도우 컬러와 매치되도록 오렌지나 브라운 컬러로 메꾸어 준다. • 건조한 느낌이 들 경우는 글로스를 덧발라준다.
Blusher	• 립 컬러와 차이가 심할 경우 난잡해 보이므로 오렌지 + 브라운을 믹싱해서 볼 뼈에 혈색을 부여하도록 한다.

02 계절 메이크업

계절 메이크업은 계절에 맞게 메이크업을 하는 것을 말한다. 4계절 옷을 갈아입듯이 메이크업 또한 컬러를 달리하여 그 계절이 주는 고유의 느낌을 살려 악센트나 변화를 주면 좋은 이미지 메이킹을 얻을 수 있다.

	봄	여름	가을	겨울
Base	가벼운 느낌의 리퀴드나 무스타입으로 라이트 베이지 계열.	다소 어두운 듯한 컬러로 땀에도 쉽게 지워지지 않는 제품 사용.	따뜻한 노랑 기미를 바탕으로 크림 타입으로 사용.	4계절 중 가장 밝은 베이스로 크림 타입으로 건조를 예방하도록 한다.
Eyebrow	계절에 따라 눈썹의 형태를 달리하기보다는 네추럴 메이크업에 바탕을 두고 모델의 눈썹결을 그대로 살릴 수 있도록 표현한다.			
Eye	파스텔 계열의 컬러로 밝고, 맑은 느낌이 나도록 연출.	한색계로 밝고, 가벼운 느낌으로 선명한 연출.	난색계로 무게나 깊이감이 있는 색을 선택한다.	무채색이나 한색계열을 이용하여 밝게 표현한다.
Lip	산호나 복숭아 컬러등 난색 계열을 바르고 글로시감을 표현.	한색계의 핑크나 펄감이 있는 제품으로 연출하면 섹시함이 더 해짐.	벽돌색이나 브라운으로 섀도우와의 조화를 이룸.	포도주 컬러나 레드로 섀도우와 조화를 이룸.
Blusher	전반적으로 브라운과 오렌지를 믹싱해서 볼 뼈를 감싸듯이 터치한다.			

03 한복 메이크업

한복은 한복 자체만으로도 섬세하고 단아한 아름다움을 가지고 있다. 이런 한복의 아름다움을 최대한 살리면서 차분하고 여성적인 부드러움과 화사하고 우아한 이미지로 깨끗한 인상을 줄 수 있는 메이크업을 한다. 색상은 부드러운 유사색 대비를 사용하는데 이때 아이섀도는 단조롭고 심플하게 표현하고 립 컬러는 치마 색상과 매치하도록 한다.

표현	내용
Base	• 한 톤 밝은 색상을 사용하되 너무 두터우면 정갈한 한복 이미지와 맞지 않으므로 다소 얇게 펴 바르고 투명 파우더로 마무리한다.
Eyebrow	• 너무 진하거나 강한 색상은 피하고 모발 컬러와 잘 매치되도록 한다. • 약간 가는 듯한 곡선 느낌의 아치형으로 그려준다.
Eye	• 화려한 색상이나 강한 대비색을 절제하고 가볍고 부드럽게 표현한다. • 포인트 또한 펄이 첨가되지 않은 컬러로 끝에만 살짝 준다. • 아이라인은 선을 깨끗하고 가늘게 표현하며 인조 속눈썹은 생략하거나 검정 마스카라로 대신한다. ※ 한복 컬러와 아이섀도 컬러. 레드계 한복 : 레드, 청색. 오렌지계 한복 : 브라운, 오렌지, 카키, 그린, 옐로우. 와인계 한복 : 와인, 퍼플.
Lip	• 입술 산을 너무 세우거나 인위적인 수정은 피하고 입술 형태를 그대로 살리면서 치마 색을 고려하여 동일 색이나 보색의 색상을 선택한다.
Blusher	• 포인트를 두지 말고 핑크나 살구톤으로 볼 중앙을 향해 굴리듯이 터치한다.

04 파티 메이크업

파티 메이크업은 시간(T)과 장소(P)와 목적(O)에 따라 조금씩 차이가 있다. 여기에 맞춰 의상이 선택되어지고 그 의상에 맞추어 메이크업을 하도록 한다. 파티라고 하면 보통 저녁 시간대 실내에서 이루어지는 경우가 많은데, 실내의 화려한 조명으로 자칫 얼굴이 평면으로 보이거나 창백하게 보일 수 있음을 염려하고 메이크업하도록 한다. 조명 아래에서의 응용 컬러를 생각해서 가급적 탐색은 피하고 채도가 높은 순색과 고명도의 색상을 선택한다. 여기에 펄감이나 스파클러를 이용한다면 더욱 훌륭한 메이크업을 연출 할 수 있다.

표현	내용
Base	• 모델의 피부톤보다 1~2톤 정도 밝은 파운데이션으로 피부의 결점을 완벽하게 커버하고 High Light와 Shading도 기본 베이스와 차이가 나게끔 다소 강한 윤곽을 잡아준다. • 투명 파우더로 고착시킨 뒤 핑크나 퍼플로 한 번 더 화사함을 연출한다.
Eyebrow	• 펜슬로 아치형으로 자리잡은 뒤 쉐도우로 명암 조절하고 퍼플 컬러로 살짝 덧발라 주어 화려한 느낌을 부여한다.
Eye	• 아이홀을 강조하는 메이크업으로 그레이나 블루, 와인으로 터치한 후 펄을 사용하고 언더에도 펄감을 입히면 효과가 업그레이드 된다. • 아이라인은 다소 길게 빼주고 숱이 많은 인조 속눈썹으로 풍성한 눈매를 연출한다. • 경우에 따라서 컬러 속눈썹을 사용하여 새로운 분위기를 연출하기도 한다.

Lip	• 립펜슬을 이용하여 원래 입술보다 볼륨감 있게 처리하고, 와인톤으로 메꾸어 준다. • 글로스 느낌을 주고 스파클러를 사용하여 일반 메이크업과의 차이를 둔다.
Blusher	• 페이스 라인을 재정리하고 볼 뼈 중심으로 핑크와 브라운을 믹싱해서 터치 해준다.

※ 빛과 조명에 따른 메이크업

　조명은 메이크업을 관찰할 수 있는 빛을 제공하는데 자연조명과 인공조명으로 나누어진다. 자연조명은 태양조명이 있는 곳에서의 메이크업을 사실 그대로 노출되기 때문에 정교하고 자연스러운 메이크업이 필요하다. 그래서 데이 메이크업, 네추럴 메이크업이 적당하다.

　인공조명 아래서의 실내 화장은 태양 관선이 없는 야간에서 30% 정도의 메이크업 강도가 깍여 보이므로 좀 더 격식을 갖춘 나이트 메이크업이 적당하다. 메이크업의 커버력이나 과감한 선에 의한 수정 효과도 돋보인다.

05 스포츠 메이크업

스포츠 메이크업은 기능적이고 운동감 넘치는 역동성과 건강함을 표현하는 밝고 스마트한 이미지를 동시에 표현한다. 밝고 건강한 이미지를 표현하느라 고명도의 선명한 색을 눈과 입술에 모두 사용하면 오히려 이미지에 맞지 않으므로 한 곳에만 포인트를 주고 색의 선택에도 2~3가지 정도로 한정시켜 젊은 이미지로 정돈한다.

표현	내용
Base	• 베이지계나 살구색계의 메이크업 베이스로 피부를 정리한 뒤 라이트 베이지 파운데이션으로 자연스러움을 살려 커버한다. • 투명 파우더로 가볍게 눌러 건강하고 밝은 느낌을 연출한다.
Eyebrow	• 다소 짧은 듯한 느낌의 표준형이나 직선형의 눈썹으로 자연스럽게 그려준다.
Eye	• 자연과 가까운 색상 : 오렌지, 연하늘색, 그린 등으로 포인트를 주기보다는 원톤으로 눈두덩이 전체를 펴 발라 주는게 산뜻한 표현을 할 수 있다. • 아이라인은 액상으로 하는 것보다 펜슬로 그린 뒤 쉐도우로 처리하며 인조 속눈썹은 생략하는 것이 좋다.
Lip	• 입술 그대로의 형태를 살리면서 스트레이트 스타일로 라인을 그려주고 오렌지나 주황색으로 메꾸어 준다. • 립글로스로 투명감을 주면 더욱 발랄하게 표현할 수 있다.
Blusher	• 건강미가 표현되도록 살구색, 오렌지 + 브라운으로 믹싱해서 연하고 부드럽게 넣어준다.

06 섹시 메이크업

섹시 메이크업은 여성미를 강조하기 위한 메이크업으로 이미지는 요염하고 선정적이며, 대담하고 성숙하게 표현하되 샤프하게 해야 한다. 섹시 메이크업에서의 포인트는 얼굴의 골격과 큼직큼직한 선을 잡아주면서 그로 인해 육감적인 느낌이 표현되어야 한다.

우선 의상을 먼저 선택하고 난 후 메이크업 연출을 신경 써야 한다. 그중에서도 아이메이크업을 어떻게 하느냐가 관건이다. 너무 화려함에 집중하는 것보다는 고도의 절제된 미학이 섹시함을 더 강조하는 법이다.

표현	내용
Base	• 다소 어두우며 커버력이 뛰어난 제품으로 완벽하게 표현하되 High Light와 Shading, 코션 등 입체감을 살리도록 한다. • 파우더는 너무 어둡지 않도록 파운데이션과 동일 컬러를 선택한다.
Eyebrow	• 핑크, 크림색, 민트블루, 파스텔블루, 하늘색 계통의 컬러. • 로맨틱하고 엘레강스 이미지, 모던한 이미지, 페미닌 스타일과 캐주얼에 이르기까지 다양한 색상으로 연출된다. • 흰색과 배합하면 조화를 잘 이루나 팽창 효과가 커 노랑 계열의 옷을 입을 때는 소재에 주의를 기울여야 한다.
Eye	• 아이홀 기법으로 눈의 음영을 잡고 블루나 은회색으로 사용한다. • 라인은 강조하여 끝까지 빼주고 숱이 많고 짙은 인조 속눈썹을 사용한다.

Lip	• 다크 브라운으로 입술 형태를 아웃 커버로 잡는다. 레드나 와인, 퍼플 컬러를 주로 사용하고 질감을 위해 립글로스를 덧바른다. • 스파클러를 사용하여 분위기를 연출하기도 한다.
Blusher	• 브라운으로 음영을 잡아주고 핑크와 레드, 브라운을 믹싱해서 사선 방향으로 터치해 준다.

제6장
패션

01 패션의 정의

패션은 단순히 옷 입는 방식을 넘어, 개인의 취향, 가치관, 신념을 표현하고 사회, 문화, 시대적 배경을 반영하는 복잡한 문화적 현상이다. 현대 사회에서는 옷의 표현의 기능이 중시되고 있기 때문에 의복을 입는 것은 곧 자신을 나타내는 가장 기본적인 수단이 되고 있다. 우리는 옷차림으로 그 사람의 취미나 개성, 교양, 신분, 나이 등을 알 수 있으므로, 자신의 상황과 위치에 맞는 옷차림을 하는 것이 중요하다. 따라서 신분을 잘 나타낼 수 있는 단정한 옷차림을 하는 것이 좋으며, 유행하는 옷, 비싼 옷, 장식적인 요소가 지나치게 강조된 옷 등은 자신에게 어울리는가를 관찰해야 한다.

패션은 개인의 개성, 취향, 심미적 감각을 표현하는 수단이다. 옷, 액세서리, 헤어스타일, 메이크업 등을 통해 자신만의 스타일을 연출하고, 타인과 차별화를 도모할 수 있다.

그리고 패션은 사회적, 문화적 배경과 가치관을 반영한다. 특정 시대나 사회에서 유행하는 패션은 그 시대 사람들의 가치관, 신념, 라이프 스타일을 보여주는 지표가 될 수 있다. 또한 패션은 예술적 표현의 형태로 볼 수 있다. 디자이너들은 옷을 통해 창의성을 표현하고, 새로운 미적 가치를 제시하며, 예술 작품과 같은 수준의 인정을 받기도 한다.

02 컬러에 따른 연출법

색깔에는 사람마다 공통적으로 느끼는 감정이 있다. 이러한 색감을 잘만 활용하면 개인적으로 체형의 결점을 보완하거나 자신을 돋보여 세련되게 만들 수 있다.

흰색 계통
깨끗하고 밝게 보이고 순수한 이미지여서 다른 색들과 조화가 잘 이루어진다. 일반적으로 흰색이나 흑. 백을 이루어 많이 착용하므로 시원하고 산뜻한 느낌을 준다.

검정색 계통
검정색은 우아한 이미지를 표현할 수 있는 효과가 있다. 정장이나 예복에 검정색을 사용한 의복들이 많이 등장하는 것도 이러한 이미지 때문이다. 피부가 흰 사람이 어두운 사람보다 잘 어울리고, 색상 자체가 수축되어 보이는 착시의 효과에 의해 날씬하게 보이는 효과도 있다.

회색 계통
안정되고 세련된 이미지를 지녀서 다른 색상들과 배색 조화를 잘 이루며, 싫증이 나지 않는 색상이다.

빨간색 계통
젊고 명랑한 느낌과 생동감, 정열, 힘, 자신감 등을 상징한다. 다른 색들과의 배색으로도 사용되나 특히 검정색과 대조를 잘 이루어 검정 옷에 빨간 재킷이나 스웨터, 코트, 스포츠 웨어 등 다양하게 이용된다.

핑크색 계통
  예쁘고 행복, 희망, 꿈을 연상케 하는 부드러운 색상으로 피부가 흰 사람에게 잘 어울린다. 검정색, 회색, 흰색 등과 조화를 이룬다.

노란색 계통
  명랑한 색이기 때문에 젊은 층에서 많이 사용되는 색상이기는 하나 피부가 검은 사람, 창백한 사람은 잘 어울리지 않으므로 피하는 것이 좋다.

주황색 계통
  약동하는 느낌으로 젊은 층에 잘 어울린다. 눈에 잘 띄는 색상이어서, 교통 정리나 도로변에서 작업하는 표식으로 조끼와 같은 데 사용된다. 보통 한 벌의 옷보다는 부분적으로 무늬와 같은 데 사용되는 것이 효과적이다.

녹색 계통
  자연과 희망 또는 영원한 삶, 성장과 건강을 상징한다. 다른 색과의 배색보다는 단일 색상을 사용하는 것이 효과적이고, 피부가 흰 사람에게 잘 어울린다.

파란색 계통
  하늘과 바다를 상징하는 색으로 시원하고 깨끗한 느낌을 준다. 색조와 명암의 범위가 넓어서 누구나 착용하기 쉬우며, 특히 검은 머리인 동양인에게 잘 어울린다.

갈색 계통
  대자연의 땅과 숨쉬는 듯한 흙을 상징하여 쾌적한 느낌을 준다. 가을을 상징하므로 갈색 계열을 사용하여 가을을 연상케 하기도 한다.

  시간과 장소와 상황에 맞고 자신의 피부색 그리고 얼굴 생김새와도 잘 조화된 패션의 연출은 자신감 넘치는 생활은 물론이고 입는 사람 자신도 옷 입는 즐거움을 맛볼 수 있을 것이다.

03 컬러와 패션 스타일

　시간과 장소와 상황에 맞고 자신의 피부색 그리고 얼굴 생김새와도 잘 조화된 패션의 연출은 자신감 넘치는 생활은 물론이고 입는 사람 자신도 옷 입는 즐거움을 맛볼 수 있을 것이다. 다양한 패션을 연출하기 위해서는 적절한 패션 색상의 사용이 필요한데 기본적인 패션 색상의 톤을 이해하면 다양한 패션 연출을 즐길 수 있다. 패션 색상에 흔히 쓰이는 다섯 가지 톤을 적절히 사용하면 옷을 잘 입을 수 있다.

표현	내용	색상
모노톤	• 모노톤은 흰색, 검정, 회색으로 많은 사람들에게 영원한 사랑을 받는 색이다. • 어떤 상황과 분위기에서도 세련된 멋을 나타내 패션의 고전이라 불린다. • 모던한 감각의 입기 좋은 색상으로 심플한 실루엣에 잘 맞다.	○ ● ●
파스텔톤	• 핑크, 크림색, 민트블루, 파스텔블루, 하늘색 계통의 컬러. • 로맨틱하고 엘레강스 이미지, 모던한 이미지, 페미닌 스타일과 캐주얼에 이르기까지 다양한 색상으로 연출된다. • 흰색과 배합하면 조화를 잘 이루나 팽창 효과가 커 노랑 계열의 옷을 입을 때는 소재에 주의를 기울여야 한다.	● ● ● ● ●

비비드 (원색)톤	• 빨강, 주황, 노랑, 연두, 초록 계통의 순색으로 무지개색군이다. • 아주 밝고 선명해서 생동감을 느낄 수 있는 채도가 높은 원색톤이다. • 원색적, 자유분방한 이미지이므로 캐주얼에서 정장까지 이미지 표현이 다양하다.	
디프톤	• 와인색, 흑갈색, 겨자색 등의 어둡고 깊은 맛이 나는 채도가 낮은 색의 그룹이다. • 중후함과 품위, 엘레강스한 매력이 풍겨지는 색이다. 주로 정장 차림에 많이 사용된다. • 클래식한 분위기를 연출하고 싶을 땐 갈색을 기본으로 배색하는 것이 좋다.	
내추럴톤	• 베이지색, 갈색, 카키색 등의 가라앉고 차분한 느낌의 분위기가 있고 자연스러운 색상 톤이다. • 차분한 느낌과 이국적인 분위기 연출에 좋은 색상이다. • 자유롭고 편안한 캐주얼과 세련된 정장에도 잘 어울리는 톤이다.	

04 체형의 결점을 커버하는 패션 연출

표현	내용	액세서리
마르고 작은 키	• 체형은 왜소하고 빈약한 인상을 주기 쉽기 때문에 많이 껴 입은 것으로 커버하는 것이 좋다. • 확대되어 보이는 색감은 화이트나 베이지, 아이보리, 환한 파스텔 계열로 상의와 하의의 톤을 통일하여 유지시켜 준다. • 여자다운 분위기보다는 남성 다운 분위기로 연출하는 것이 풍성하고 여유 있어 보인다. • 상의는 짧게 하의는 길게 하거나 원피스류를 이용하면 전체적인 키를 커 보이게 할 수 있다. • 웃옷은 밝고 화사한 색상으로 하고 아래옷은 다소 짙은 색상으로 배색하면 멋있어 보인다. • 체형보완을 위해 스트라이프나 체크 등의 무늬를 이용하는 것도 효과적이다.	• 밝고 선명한 색상 선택 • 모자나 스카프, 손수건 등은 화사한 색 • 구두, 양말, 스타킹은 무겁지 않은 색상 • 검은 피부에는 원색과 차분한 색 선택
마르고 보통 키	• 마른 체형을 보완할 수 있는 색은 크림색이나 녹색기가 섞인 옅은 파랑 등 밝고 환한 파스텔 계열이다. • 아래옷보다는 웃옷을 밝게 입는다. • 롱팬츠에 롱재킷을 입을 경우에는 계열색으로 조화를 이루게 한다. • 밝은 색상의 긴 점퍼 스커트나 긴 조끼를 입을 때는 아래쪽에 디프한 컬러를 매치시킨다. • 아래보다 위를 밝게 입는다. • 줄무늬/체크무늬로 개성을 살린다. • 세미정장의 활동적인 차림에는 민트 블루의 슬림한 팬츠를 입는다.	• 스카프, 넥타이, 머플러는 볼륨감에 도움 • 귀고리, 목걸이는 짙은 색 선택 • 구두나 가방은 옷 색상과 비슷한 색 선택

마르고 큰 키	• 위쪽을 짙게. 아래쪽을 밝게 입는 것이 좋다. • 밝고 환한 정장 스타일이 어울린다. 선명한 이미지를 남기려면 흰색에 원색 계열의 색상을 배색한다. • 색상은 흰색과 밝은 회색이 어울린다.	• 딱딱한 느낌의 가방과 핸드백 • 구두는 단화가 좋으며 굽은 3~5cm의 중간 굽 • 옷의 색보다 진한 색 선택
보통 체형의 큰 키	• 위아래 색을 달리해 콤비 스타일로 입으면 큰 키가 보완된다. • 피부색이 밝으면 흰색이나 크림색 같은 색상을 이용한다. • 피부색이 어두우면 포도주색, 자주, 금갈색 그리고 짙은 빨강 등을 이용하면 효과적이다.	• 크고 대담하며, 밝은색 선택 • 귀걸이, 목걸이는 금속류나 자연소재
마르고 큰 키	• 위쪽을 짙게. 아래쪽을 밝게 입는 것이 좋다. • 밝고 환한 정장 스타일이 어울린다. 선명한 이미지를 남기려면 흰색에 원색 계열의 색상을 배색한다. • 색상은 흰색과 밝은 회색이 어울린다.	• 딱딱한 느낌의 가방과 핸드백 • 구두는 단화가 좋으며 굽은 3-5cm의 중간 굽 • 옷의 색보다 진한 색 선택
보통 체형의 큰 키	• 위아래 색을 달리해 콤비 스타일로 입으면 큰 키가 보완된다. • 피부색이 밝으면 흰색이나 크림색 같은 색상을 이용한다. • 피부색이 어두우면 포도주색, 자주, 금갈색 그리고 짙은 빨강 등을 이용하면 효과적이다.	• 크고 대담하며, 밝은색 선택 • 귀걸이, 목걸이는 금속류나 자연소재
보통 체형의 작은 키	• 같은 계열색으로 위아래를 입는다. • 오렌지와 베이지색이 잘 어울린다. • 작은 키를 보완하기 위해서는 동일색을 이용하	• 작고 고급스러운 것 선택 • 구두는 7~8cm의

	여 연결감을 준다. • 역삼각형의 실루엣을 택한다.		높은 굽으로 체형보완 • 가방은 끈이 긴 것
보통 체형에 보통 키	• 줄무늬/체크무늬로 개성연출에 포인트를 준다 • 금갈색과 파랑색이 잘 어울린다. • 세미 정장의 활동적인 차림에는 민트 블루의 슬림한 팬츠를 입는다. • 울, 실크, 니트와 같은 부드러운 소재로 체형미를 살린다. • 옷 색상과 비슷한 계열의 액세서리 선택한다.		• 귀걸이, 목걸이는 금속류나 자연소재 • 옷과 같은 계열색
살찐 체형의 작은 키	• 전체적인 실루엣이 라운드를 이루기 때문에 귀엽고 깜찍한 스타일이 좋다. • 흑갈색, 포도주색, 감색, 쥐색 등 디프 톤의 짙고 어두운 색상들은 체형의 결점을 보완한다. • 품이 잘 맞지만, 넉넉한 옷이 좋다. • 수직선을 강조해서 슬림하게 연출하고 좁은 스커트, 슬리브리스, 쉬폰 소재 등의 얇은 소재는 피한다. • 전체적인 키의 보완을 위한 원피스가 좋지만 하체가 길어 보이는 롱팬츠나 롱스커트도 좋은 방법이다.		• 귀엽고 부드러운 디자인 • 꽃무늬나 물방울 무늬 • 심플하고 귀여운 것 • 가방과 구두는 동일색
살찐 체형의 보통 키	• 짙은 색상들을 이용하여 세련되고 차분한 이미지로 표현한다. • 따뜻하고 부드러운 이미지를 살려주고 선명하고 짙은 색상으로 체형을 보완한다. • 수직선을 강조한 패턴과 무늬나 비형식적인 균형, 대각선으로 주름있는 원단 등은 체형을 보완하는 역활을 한다. • 진 팬츠, 롱 스커트, 미니 스커트 등의 아이템이 잘 어울리고 곡선 처리된 부드러운 느낌의 정장은 더욱 차분하게 보여진다.		• 작고 고급스러운 것 선택 • 귀걸이, 목걸이, 브로치는 진주가 어울림

| 살찐 체형의 큰 키 | • 웃옷은 짙은 색상으로, 아래옷은 밝은 색상으로, 원색 계열의 밝고 생동감 넘치는 색상도 좋다.
• 차갑고 지적인 분위기를 줄 수 있는 중간톤의 회색에서 검정까지의 모노톤 색상으로 체형을 보완한다.
• 여성미를 풍길 수 있는 짙은 빨강이나 자주색 등은 살찐 체형을 보완한다.
• 위는 짙은 색상으로 아래옷은 밝은 색상으로 입거나 보색으로 대비하는 것이 큰 키를 보완하는 방법이다. | • 고급스럽고 대담하고 화려한 것 선택
• 단화는 4-5㎝ |

05 여성 정장 입기

　　사회 안에서는 그 사회 안에서 형성된 신분에 따른 옷차림에 대한 규범이 정해져 있으며, 그런 규범에 맞춰 입기를 기대한다. 만약 이런 옷의 규범에 따라 입지 않을 경우 그에 따른 합당한 대우를 받지 못한다든지, 소속한 집단원들끼리의 조화가 어려워지기도 한다. 따라서 올바른 옷차림은 사회적으로 나의 신분이나 역할, 상황, 시간에 맞는 옷차림인가를 고려하는 것은 중요한 일이다.

　　여성의 정장에는 셔츠, 블라우스류와 재킷, 점퍼류, 스커트와 바지, 코트 등과 같이 다양한 구성요소로 이루어진다. 쾌적한 정장은 편안하고 쾌적한 온열 환경과 피부의 습도 및 청결을 유지시키며, 신체 활동성을 증진시키지만, 자신의 매력을 한껏 돋보일 수 있다. 보편적으로 정장은 속옷 위에 입는 것으로 재질은 공기를 머금을 수 있는 양이 많아서 보온성이 좋은 것이 좋다. 정장의 옷감으로는 모직물, 견직물, 면직물, 인조 섬유 및 혼방 직물 등 각각의 착용 목적에 맞는 것을 선택하면 된다.

　　속옷과 정장 사이에 입는 중간 옷은 신축성이 많고 동작을 구속하지 않는 재료를 선택한다. 각 사람에게는 특히 잘 어울리는 디자인과 색상, 무늬 등이 있는데, 경험을 통해 그것을 잘 구별하고 활용하도록 한다. 또한, 정장을 선택할 때는 신체상의 결점은 보완할 수 있고, 장점은 더욱 돋보이게 할 수 있는 것을 선택하도록 한다.

06 계절에 따른 옷차림

따뜻한 옷차림

의복의 보온성은 옷감을 구성하는 섬유 자체의 열전도율에 의하여 좌우될 뿐 아니라 직물을 만들었을 때 직물의 함기량에 따라 영향을 받는다. 모직물 또는 모 편성물과 같은 옷감은 열전도율이 낮고 함기량이 많아 적당하다.

외부의 찬 공기가 들어오는 것을 막고, 내부의 따뜻한 공기가 나가지 않도록 트임이 적은 것이 좋으며, 목둘레, 소매 끝, 발목 부분 등의 여밈이 잘되어 있는 형태의 디자인이 적당하다. 머플러를 둘러 목둘레를 잘 여미는 것도 따뜻한 옷차림의 좋은 방법이다.

시원한 옷차림

여름 의복은 체열 발산이 충분히 될 수 있는 옷감, 의복의 형태, 의복 착용 방법의 선택이 중요하다. 직사 일광을 받을 때나 극도의 고온 다습한 경우에는 맨몸보다는 옷을 입었을 때 외부로부터의 열을 막고 의복의 흡습, 방습 작용에 의해 수분 증발이 촉진되어 더 효과적이다.

옷감은 흡습성, 투습성, 통기성 등이 높아야 하므로 면, 마, 레이온 등의 섬유로 만들어진 것이 좋다. 여름용 옷감은 가능한 가는 실로 성기게 짠 것이 좋으며, 피부 접촉 시 찬 느낌을 주는 것이 좋다. 직사 일광을 막기 위해서는 복사열을 가능한 한 많이 반사시킬 수 있는 흰색이나 연한 색으로 표면이 매끈한 것이 좋다.

07 상황에 맞는 옷차림

상황에 따라 입는 옷의 종류는 통학복, 가벼운 외출복, 집에서 입는 옷 등과 같이 매일의 생활에서 입는 옷과 예복이나 작업복, 운동복, 제복, 잠옷, 방한복 등과 같이 특수한 용도에 입혀지는 것이 있다. 이 중 규범이 엄격한 의복으로 예복을 들 수 있다.

예복

혼례, 상례, 제례 등의 특별 의식에 입는 옷과 그밖에 특별히 예를 갖추어야 할 모임이나 행사 때에 입는 옷을 말한다. 예복은 의식의 성격, 엄숙함, 기쁨, 슬픔 등 분위기를 나타내는 표현의 기능이 강하다. 예복을 착용한 사람은 물론 그를 보는 사람들도 예복을 통해 그 상황을 이해하고 동참할 수 있으므로 예복을 입게 되는 상황과 예의범절을 잘 알아서 예의에 어긋나지 않도록 해야 한다.

상례나 제례 시

검소한 옷차림을 하며, 특히 상을 당했을 때는 색상도 흰색이나 검은색을 주로 입어 그에 알맞은 예의를 표한다. 우리나라에서 상복은 전통적으로 흰색으로, 서양에서는 검정색이 상징적으로 사용되어 오고 있다.

08 멋쟁이를 위한 옷차림 방법

 멋있는 옷차림은 옷의 표현 기능 중 자신의 개성과 아름다움을 나타내는 기능이 강조된 것이다. 우선 미적으로 조화를 이루어야 하고 입은 사람에게 어울리며, 개성을 표현할 수 있는 옷차림을 말한다.

선과 선의 조화
 인체 구조상의 특성이나 동작에 따른 선의 변화가 있으므로 한 종류의 선이 디자인 전체를 지배하도록 하는 통일감이 우선적으로 필요하다. 선의 종류를 변화시키거나 선의 방향을 변화시킴으로써 단조로움을 없애고 조화를 이룰 수 있다.

재질의 조화
 옷감이 주는 재질감이 선과 색채가 주는 느낌과 어울려야 하는데 예를 들어 옷감이 부드럽고 유연할 때는 선과 색채도 부드러워야 하고 옷감이 거칠고 투박할 때는 선과 색채도 역시 같은 느낌의 것이어야 한다.
 재질이 다른 두 가지 이상의 옷감을 조화시킬 때는 용도, 수명, 느낌에 있어서 지나치게 대비되는 것이나 비슷한 것은 피하도록 한다. 레이스와 새틴(비단 종류), 코듀로이(골덴)와 가죽, 모직물과 모피처럼 재질이 주는 느낌이나 분위기는 유사하면서 표면의 특성은 대비되는 것이 효과적이다.

색채의 조화
 색채 조화를 이루려면 조화시키려는 색채들이 색상, 명도, 채도면에서 서로 어떠한 관계를 갖는가를 생각한 후 종합적으로 의복에 적용한다.

구분	특 징
유사 조화	서로 공통점이 있는 유사한 색상끼리 이루는 조화 유사한 색상들은 서로 공통점을 갖고 있기 때문에 쉽게 조화되며, 배색의 효과가 크고, 전체적으로 온화하고 부드러운 느낌을 준다. • 동일 색상 조화 : 한 가지 색상만을 이용하여 명도나 채도를 변화시켜 조화를 이루는 방법을 말한다. • 인접 색상 조화 : 색상환에서 가까이에 있는 색끼리의 조화를 말한다. 인접 색상끼리는 쉽게 조화를 이루며, 동일 색상 조화에 비하여 덜 단조로운 장점을 갖는다. 또한 인접해 있는 색상끼리는 서로 온도감이 유사하기 때문에 전체적으로 통일된 분위기를 주게 된다.
대비 조화	서로 반대되는 느낌을 주거나 보색 관계에 있는 색상들을 대비시켜서 이루는 조화로 미적으로 우수하고, 강렬하며, 현대 감각에 맞는 아름다움을 표현할 수 있다. • 보색 조화 : 노랑과 보라, 주황과 남색처럼 색상환에서 서로 마주보고 있는 두 색채를 이용한 조화로 매우 강렬한 느낌을 주며, 상대색을 더욱 선명하게 보이게 한다. • 분보색 조화 : 분보색 조화는 빨강과 초록의 조화 대신 빨강, 연두, 청록의 조화와 같이 직접적인 보색을 피하고, 대신 보색의 양옆에 있는 색상을 이용하여 세 가지 색상으로 조화를 꾀하는 것이다. • 조화 : 옷감의 무늬와 같이 여러 색이 동시에 섞일 때 많이 사용하는 것으로 인접한 색과 보색을 섞어 이용하여 분보색 조화보다 더욱 눈에 띄지 않는 간접적인 방법으로 대비

명도의 조화

명도의 조화를 이루는 방법에는 유사 조화와 대비 조화가 있다. 유사 조화에서 밝은 색끼리의 조화는 밝고 가벼운 느낌을, 중간 명도의 조화는 온화한 느낌을, 어두운 색끼리의 조화는 무겁고 장중한 느낌을 준다. 대비 조화는 흰색과 검정과 같이 서로 대비되는 명도의 조화를 말하는 것으로 매우 경쾌한 느낌을 준다.

채도의 조화

채도 조화는 주의를 해서 사용해야 하는데 특히 유사한 색상끼리 채도가 차이 나는 두 색은 함께 사용하지 않아야 한다. 이 경우 두 색채가 서로의 장점을 잃게 되며 서로 어울리지 못한다.

채도가 낮은 색채 위에 채도가 높은 색채로 악센트를 줄 수는 있으나, 반대로 채도가 높은 옷에 채도가 낮은 악센트는 강조점으로서의 역할을 못하므로 피하도록 한다.

정장 차림에 스카프나 넥타이를 이용할 때 겉옷과 스카프나 넥타이의 면적이 크게 차이 나므로 겉옷으로 전체적인 분위기를 결정하고, 스카프나 넥타이는 악센트로 사용할 수 있다. 따라서 짙은 감색(navy blue) 정장에 밝은 황금색 스카프와 같이 강한 채도 대비도 이러한 경우는 효과적일 수 있다.

09 개성을 표현하는 옷차림

 개인의 개성에 따라 각기 어울리는 옷차림은 다르다. 어울리는 옷차림에 영향을 미치는 개인의 개성에는 여러 가지가 있으나, 그중에서도 특히 체형과 성격, 이미지가 중요한 역할을 한다. 또한 연령에 따라서도 달라질 수 있다.

내 체형의 단점 감추기

구분	특 징
키가 큰 체형	• 상의와 하의가 대비되는 색, 가로선 강조. • 주머니, 컬러와 같은 장식 및 주름은 크게.
키가 작은 체형	• 부드럽고 얇은 옷감으로 여성적이고 부드럽게 • 하이웨스트라인 원피스, 짧은 재킷, 긴 코트.
뚱뚱한 체형	• 지나치게 얇고 비치는 옷감, 몸이 커 보이게 하는 투박한 옷감은 피함. • 비대칭 균형의 디자인이나 사선으로 된 앞여밈이 효과적임. • 벨트는 옷과 같은 감으로 폭을 좁게 하는 것이 좋음.
마른 체형	• 화려한 색이나 파스텔 계통의 연한 색이 좋음. • 잔주름을 활용하면 좋으나 지나친 부풀림은 마른 체형을 강조하게됨.
힙이 큰형	• 상의는 밝게 하고, 하의는 진한 색상을 선택하는 것이 효과적임 • 자연스럽게 배를 가릴 수 있는 일자형 원피스나 긴 상의 스타일이 어울림
힙이 적은 형	• 개더스커트나 힙부분에 시선을 끌기 위해 벨트나 화려한 보석 장식으로 착시 효과를 얻거나 힙라인 부분에 다른 색상으로 변화를 줌

힙이 처진 형	• 셔츠나 재킷은 힙라인을 덮는 길이로 전체적인 균형과 비례를 생각한다. 짙은 색의 뻣뻣하고 부피감이 있는 스커트나 셔링스커트, 플레어스커트가 처진 힙을 감춰준다. • 힙이 처지고 다리가 짧은 체형은 통이 넓은 바지에 굽이 높은 샌들을 신고 바지를 길게 하여 처진 힙을 보완해준다.
하체를 길게 보이고 싶을 때	• 하의는 진한 색을 선택하여 시선을 상체에 유인하는 것이 효과적 • 크고 화려한 꽃무늬나 체크무늬 재킷과 하의는 어두운 단색이 좋음 • 체형의 굴곡이 노출되는 옷감보다는 힘이 있고 뻣뻣한 옷감이 좋음
다리가 굵어 신경 쓰일 때	• 상의는 밝은색에 하의는 어둡고 진한 색을 선택하는 것이 효과적 • 긴 스커트, 롱 스타일을 착용하여 다리를 커버하거나 또는 이와 반대로 다리가 길어 보이도록 과감하게 A 라인 미니 스커트가 좋음
가슴이 큰 형	• 어두운 상의가 어울리며, 오히려 과감한 톱이 날씬해 보임 • 니트류와 같이 밀착되는 스타일을 입고 싶을 때는 앞여밈이 겹쳐지는 것이나 세로로 분할된 디자인을 선택한다. • 어깨 패드가 들어간 남성복 스타일의 큰 박스재킷도 가슴이 큰 사람에게 효과적이다. • 소매를 걷는 등 매니시한 느낌으로 연출하고, 셔츠에 넥타이를 매주는 것도 단정한 느낌을 준다.
가슴이 작은 형	• 퍼프 소매, 가슴보다 짧은 소매, 어깨 패드 등을 활용하면 시선을 확장시켜 결점을 커버할 수 있다. • 소재로는 투명하고 얇은 천이 좋고, 프린트가 살아있는 스타일이 좋다.
팔이 굵은 형	• 굵은 팔을 보완하고 키를 크고 날씬하게 보이게 하기 위해서는 7부나 손목뼈까지의 소매길이가 좋으며, 적당히 여유가 있는 디자인이 효과적이다. • 한여름에는 무조건 감추기보다는 소매가 없는 스타일을 선택하여 과감히 드러내보는 것도 좋다.
팔이 가는 형	• 퍼프 소매, 벨 소매처럼 볼륨을 살려주는 형이 적당하며, 수평으로 착시효과를 유도할 수 있는 디자인이 효과적이다.

착시 현상을 이용한 단점 보완

착시란 사물을 볼 때 주변 여건에 따라 본래의 상황과 다르게 보고 느끼는 시각적인 착각 현상이다. 의복은 선, 색채, 재질, 무늬의 특성에 따라 착시 효과를 일으키며 이를 이용하면 체형상의 장점을 강조하거나 단점을 보완할 수 있다.

구분	특 징
세로선	• 면을 세로선으로 나누면 길이가 길어 보이고 폭이 좁아 보인다. 세로선을 더 굵게 하거나 색채를 바탕색과 대조되게 하면 더 효과적이다. • 같은 간격의 세로선이 여러 개 있을 때는 오히려 폭이 넓고 길이가 짧아 보임 • 세로선의 수는 적게 할수록 좋고 2개 이상 넣을 때는 세로선 사이의 간격을 좁게 하는 것이 효과적
가로선	• 세로선과 반대라서 (b)가 (a)보다 짧고 넓어 보인다. • 가로선을 여러 개 사용한 (c)는 오히려 길고 가늘어 보인다.
사선	• 사선의 경사 각도가 큰 것은 세로 효과를, 각도가 작은 것은 가로 효과를 보이며 사선의 방향에 따라 폭이 달라 보인다. • (a)보다는 (b)가, (c)보다는 (d)가 가늘고 길어 보이고, 사선이 허리에 모이는 (c), (d)가 (a), (b)보다 허리가 가늘어 보인다.

	(a) 30° (b) 60° (c) 45° (d) 60°	
선의 길이	• 가로선으로 면을 나눌 때 한쪽을 더 길게 하여 나누면 길게 한 쪽이 실제보다 더 길어 보인다. • 하체가 짧은 경우에 허리 위치를 높이거나 바지의 길이를 길게 하는 것이나 키가 커 보이게 한다.	
색채	• 명도와 채도가 높을수록 면적이 확대되어 보이고 낮을수록 수축되어 보이므로 뚱뚱한 체형은 명도와 채도를 낮은 것으로 선택한다. • 마른 사람은 고채도와 고명도를 이용하면 효과적이다.	
재질	• 옷감의 두께, 빛의 반사율, 투시 정도, 뻣뻣한 정도에 따라 체형에 영향을 미친다. • 두꺼운 옷감, 광택이 있는 옷감, 뻣뻣한 감 등은 체형을 커 보이게 하므로 뚱뚱한 체형에는 적당하지 않으며 비치는 감도 몸매가 드러나게 하므로 바람직하지 않다. • 모피 종류나 투박한 감, 털이 많은 첨모직의 두꺼운 옷감은 작고 마른 체형에게는 압도하는 느낌을 주므로 피하는 것이 좋다.	
무늬	• 무늬가 크고 성기게 배치되어 있으며 색채 대비가 강할 때 착시 효과가 크다. • 무늬의 크기가 큰 옷감은 체형을 확대시켜 보이게 한다. 뚱뚱한 사람은 큰 무늬를 피하며 아주 작은 무늬도 체형과 대조를 이루어 강조되므로 중간 크기의 무늬가 적당하다. • 체형이 작은 사람도 아주 큰 무늬는 오히려 더 작게 보이므로 피한다.	

10 체형별 스커트 코디법

　사실 체형에 문제가 있다면 그것을 가장 쉽게 극복할 수 있는 방법은 스커트로 해결할 수 있다. 히프가 처진 사람, 다리가 짧은 사람이나 다리가 굵은 사람들은 바지를 입으면 결점이 금방 드러나지만 스커트는 보여지는 다리 외에는 자세히 알 수 없고 뚱뚱한 다리도 얼마든지 날씬하게 보일 수 있다. 더욱이 스커트는 여성미를 한껏 살려 세련미를 주는 데 도움이 된다.

구분	특 징
허리가 굵은 경우	• 허리선이 낮게 재단되어 골반에 살짝 걸쳐지는 스타일은 허리가 날씬하고 다리가 길어 보이는 효과가 있다. • 상의는 스커트 색상이 들어간 것을 입으면 전체적으로 날씬해 보인다. • 상의의 길이는 짧으면 시선이 위로 올라간다.
허벅지가 굵은 경우	• 스커트와 이너웨어를 같은 색으로 입어 키가 커 보이게 한다. • 키가 작고 통통해도 키가 큰 사람보다 뼈가 가늘기 때문에 부츠를 신으면 훨씬 날씬해 보인다.
다리가 통통한 경우	• 하나로 연결되어 있는 점퍼 스커트로 연장 효과를 주어 길어 보이게 하거나, 진한 컬러의 A라인 스커트로 수축 효과를 주어 날씬하게 보이게 한다. • 키가 작고 통통해도 키가 큰 사람보다 뼈가 가늘기 때문에 굽있는 부츠를 신으면 훨씬 날씬해 보인다.
전체적으로 마른 경우	• 연한 파스텔 색상으로 코디하고, 왜소한 몸매를 커버하는 주름 스커트를 선택한다. • 스커트 길이는 다리가 가장 예뻐 보이는 무릎 위 10㎝를 선택하고, 굽 있는 구두로 다리가 길어 보이게 한다.

상체에 비해 하체가 통통한 경우	• 일단 스커트와 스타킹, 신발의 진한 색상으로 통일하면 길어 보이게 하고 말라 보이는 효과를 준다. • 상의는 하의보다 조금 산뜻하게 입어 상체의 날씬함을 강조하고, 소품으로 포인트를 줘서 시선을 위로 모은다.
마르고 다리가 짧은 경우	• 스커트의 수축색은 다리가 더 말라보이며 스커트의 길이는 짧은 것이 보기 좋다. • 굵은 스트라이프 무늬가 적당히 볼륨감이 있어 좋고 다리가 길어 보인다. • 타이트한 스커트보다는 시선이 분산되는 랩 스타일이 효과적이다.
히프가 처진 경우	• 데님 소재 같은 면 스커트가 히프가 쳐져 보이지 않는다. • 스커트 길이는, 허벅지 중간보다는 무릎이 살짝 보이는 정도가 적당하다. • 스커트의 A라인이 유지되는 것이 좋으며, 세로 절개선이 있는 A라인이 예쁘다. • 상의를 진으로 통일해서 심플하게 코디하고 짧은 베스트로 허리 라인을 깔끔하게 정리하면 좋다.
O자형 다리인 경우	• 무릎을 가리는 길이의 롱스커트가 좋다. • 타이트한 디자인보다는 플레어 스커트가 부드러운 이미지를 준다. • 상의에 액세서리 같은 포인트를 주어 시선을 위로 오게 한다.
전체적으로 통통한 경우	• 수축색으로 몸이 줄어 보이는 효과를 줘야 한다. • 블랙을 기본 컬러로 정하고 다른 아이템은 동색 계열로 포인트만 준다. • 몸에 붙지 않는 A라인의 롱스커트로, 복숭아뼈까지 내려오는 것이 깔끔하다.
키가 너무 큰 경우	• 스커트의 길이는 무릎이 약간 보일 듯 말 듯 가려질 정도의 길이가 좋다. • 박스로 된 타이트는 나이 들어 보이므로 치마폭이 약간 퍼지는 것이 좋다.

11 스타킹

스타킹은 보온 효과가 중요시되었으나 최근 들어 다리 라인을 살려주는 고기능의 스타킹이 선보이고 있으며, 몸매의 선을 살려주는 고탄력 스타킹까지 나왔다. 또한 스타킹은 여성만의 전유물로 여성미를 강조함은 물론 다리의 섹시함을 가장 잘 표현한다. 스타킹의 두께가 얇을수록 다리가 늘씬하고 섹시해 보인다. 요즘의 스타킹 추세는 서포트의 기능은 기본이며 여기에 광택, 거들, 무봉제, 자외선 차단 등의 기능이 들어간 멀티 타입의 스타킹이 인기를 얻고 있다.

체형에 따른 스티킹 선택법

구분	특 징
다리가 짧은 경우	• 밝은색보다는 어두운색, 투명 스타킹보다는 불투명 스타킹이 다리를 가늘어 보이게 한다. 큰 패턴이 들어간 스타킹은 피하는 것이 낫다. 오히려 다이아몬드나 꽃무늬 등이 작게 들어가 있는 패턴의 스타킹을 선택하는 것이 좋다.
다리가 굵은 경우	• 스타킹의 컬러는 블랙이나 짙은 컬러가 좋다. 블랙 특유의 축소 효과 때문에 스커트가 짧아도 걱정하지 않아도 된다. • 큰 패턴이 들어간 스타킹은 피하는 것이 좋으며, 다이아몬드나 꽃무늬 등이 작게 들어가 있는 패턴의 스타킹이 좋다.

광택 스타킹은 빛의 반사에 따라 광택이 나므로 다리가 건강하고 탄력 있어 보이기는 하나, 광택으로 인해 다리가 굵어 보일 수 있는 단점이 있다.

스타킹의 두께

스타킹의 두께는 데니어(Denier), 흔히 'D'로 표시한다. 1데니어란 길이가 9,000m로 무게가 1g 되는 실을 가리키며, 데니어의 숫자가 높을수록 굵어진다. 예를 들어 50D 스타킹은 길이 9,000m의 스타킹 원사가 50g 무게라는 뜻이다.

스타킹의 두께는 포장 봉지에 쓰여 있으며, 보통 얇은 스타킹은 13~18D이고, 두꺼운 불투명 타이즈는 55D 이상이다. 두께는 패션 스타일과 관련이 있는데, 데니어가 낮을수록 경쾌한 느낌이 들며 정장풍에 잘 어울린다.

데니어가 높을수록 매트한 분위기가 나므로 캐주얼이나 가벼운 세미정장풍에 잘 어울린다. 또한 다리가 굵은 사람은 너무 굵거나 가는 스타킹보다는 다리 선이 약간 비치는 반투명 정도의 스타킹을 신는 것이 좋다.

스타킹의 무늬

스타킹에 무늬가 있으면 시선이 다리에 집중되므로 자신의 다리 모양을 잘 고려하여 고르도록 해야 한다. 다리가 굵은 사람은 일정한 무늬가 있는 것이 좋으며, 다리가 휜 사람은 무늬가 있는 스타킹은 피하는 것이 좋다.

발목이 가는 사람은 앵글 부분에 장식이 들어간 것도 좋다. 각각의 무늬 장식에 따라 다리의 분위기가 달라지므로 무늬 있는 스타킹을 신을 때는 패션 코디에 신경을 쓰는 것이 좋다.

표현	내용
세로줄 무늬	• 어느 곳에 코디해도 무난하게 어울림 • 특히 스쿨걸룩에 단정한 단화를 신으면 귀여운 이미지를 부각시킬 수 있음 • 다리가 긴 사람에게 적당
사선 무늬	• 정장이나 발랄한 스타일에 모두 잘 어울리는 무난한 스타일 • 다리가 휜 사람에게 적당

트위스트 무늬	• 스트라이프에 꼬임을 넣어 요즘 유행인 럭셔리한 멋을 연출한 것 • 깔끔한 베이직 스커트부터 귀여운 체크무늬 스커트까지 두루 잘 어울림 • 다리가 약간 휜 사람도 커버가 됨
다이아몬드 무늬	• 평범한 스타킹은 싫고 그렇다고 너무 튀는 것도 자신이 없을 때 좋음 • 얇은 소재의 옷과 어울림 • 공식 석상 등의 격식 있는 자리의 옷과 코디하면 고급스러워짐
물결 무늬	• 패셔너블한 멋을 낼 수 있음 • 다리가 굵은 여성은 종아리가 더 굵어 보임. • 단순한 디자인의 스커트와 가죽 스커트에 잘 어울림

12 남성 정장 입기

　서양 복식사를 보면 14세기가 되면서부터 비로소 남자는 바지, 여자는 스커트라는 성 차가 생겨났음을 알 수 있다. 그러니까 그 이전 세기까지에는 남녀 공히 튜닉형의 옷으로 기본적인 의상을 삼았던 것이다. 그리고 우리가 흔히 말하는 신사복(양복)이 상류계급의 전유물에서 벗어나 일반 시민의 신사복이 될 수 있었던 시기도 1차 세계대전이 끝난 1920년대 이후부터였다.

　남성 정장은 통상 슈트(suit)라고 하는데 슈트는 아래위를 같은 소재로 지은 한 벌로 된 옷을 말한다. 우리는 이를 정장 또는 신사복, 숙녀복이라 한다. 한 벌의 정장을 선택하여 입을 때도 자기 자신을 연출하는 것이기 때문에 신중을 기해야 한다. 미국의 케네디 대통령이 자주 입은 감청색 슈트는 활동적인 이미지를 제공하는 반면, 닉슨대통령이 즐겨 입었던 회색 슈트는 보는 이로 하여금 안정감을 준다.

정장 연출의 3대 키 포인트

　정장을 입을 때는 3가지 키포인트가 있다. 이 3가지 키 포인트를 고려해서 정장을 잘 입으면 세련미가 넘치고 멋있는 사람이 되나. 정장을 제대로 입지 못하면 어색한 모습이 된다.

구분	내용
V존	• 슈트 컬러, 셔츠 컬러, 타이에 의해 구성되는 V자형의 가슴 부분, 즉 V존의 색상과 조화가 가장 중요하다. • 이때, 넥타이 폭은 슈트 컬러 폭과 셔츠 컬러 폭이 비례관계에 있다. • 시대에 따라 슈트 컬러의 폭이 좁아졌다 넓어졌다 하는데 넥타이 폭과 셔츠 깃 폭도 따라 움직인다.

구분	
슬리브 존	• 소매 부리를 일컫는 슬리브 존에 있어서는, 셔츠 소매길이는 팔목까지 와야 한다. • 슈트의 소매 끝에서 1~1.5cm정도 나와 보이는 것이 좋다.
피트 존	• 바지 부리에 해당하는 피트 존에서는 구두의 뒤꿈치가 보일 정도로 양말이 보이지 않아야 한다. • 바지가 너무 길어서 뒤틀린다거나 너무 짧아 양말이 드러나는 것은 좋지 않다.

정장의 종류

구분	특징
싱글버튼	• 재킷의 단추가 하나만 있는 것으로 깔끔하고 산뜻한 이미지를 연출하고자 할 때 적합하다. • 특히 체형이 마른 사람에게 잘 어울리며 공식적인 자리에서 예의를 갖추어야 할 때도 포멀한 느낌으로 신뢰감을 줄 수 있다.
싱글 2버튼	• 가장 흔히 즐겨 있는 정장 스타일로 버튼이 2개 나란히 있는 것을 말한다. • 어느 자리에서나 무난하게 잘 어울리며, 체형은 그다지 구애를 받지 않는다.
싱글 3버튼	• 요즘 멋쟁이들에게 가장 인기를 끌고 있는 스타일로 키가 커 보이며, 어떤 체형에도 비교적 무난하게 어울린다. • 허리가 살짝 들어간 스타일은 날씬해 보이므로, 자신의 체형에 알맞게 선택하면 된다.
더블 6버튼	• 버튼이 6개 달린 더블 스타일로 같은 6버튼이라도 단추를 하나만 채우는 것, 또는 2개만 채우는 것 등으로 다시 구분할 수 있다. • 3개를 모두 채우는 스타일은 세로로 길어 느낌이 세련되어 보인다.

13 드레스 셔츠

우리가 흔히 말하는 와이셔츠는 흰색 셔츠를 가리키는 말이며 정식 명칭은 드레스 셔츠이다. 와이셔츠는 화이트(드레스) 셔츠의 일본식 발음이다. 드레스 셔츠는 원래 속옷이라는 뜻인데 드레스 셔츠는 웃옷이지만, 앞과 뒤가 길게 내려와서 팬티 역할을 하게 되어 있다. 영국에서 전통의상인 '킬트'를 입을 때 팬티를 입지 않고 속옷 대신으로 드레스 셔츠만을 길게 입은 데서 유래한다. 그래서 드레스 셔츠는 순면이 좋고 외국 남자들의 경우 드레스 셔츠 속에 러닝을 입지 않는다. 그러나 속살이 비치는 드레스 셔츠만을 입는다는 것을 우리나라 사람들은 피해야 하고 속에 러닝을 받쳐 입어야 한다.

셔츠의 멋은 컬러의 모양에서 좌우될 정도로 중요하다. 그만큼 디자인과 목둘레와 소매길이에 신경을 써야 한다. 적당한 목둘레는 단추를 채운 뒤 자신의 손가락 두 개 정도가 들어갈 정도면 적당하며 소매의 길이는 손목뼈를 덮으면 된다.

요즘은 파스텔톤의 옅은 색상의 드레스 셔츠와 반팔 셔츠를 많이 입으나 면접시험을 치르는 경우라면 긴팔 셔츠의 정통적이고 품격 있는 옷차림이 좋다.

컬러의 종류에 따른 드레스 셔츠의 종류

구분	특징	사진
레귤러 컬러 (Regular Straight-Point Collar)	• 레귤러 컬러는 역사가 깊은 전통적인 스타일로 가장 많이 즐겨 입는 셔츠 컬러의 기본스타일이다. • 누구에게나 어울리고 어떤 스타일의 수트와도 무난하게 조화될 수 있다. • 셔츠 자체는 유행을 크게 타지 않으나 셔츠의 깃이 시대에 따라 넓어지거나 좁아지면서 나름대로 유행을 갖는다. • 컬러 포인트 간 거리인 Spread가 8~8.5㎝	

윈저 컬러 (Windsor Collar, Halfwide Collar)	• 윈저공 개발한 것인데 '와이드 스프레드 컬러(Wide Spread Collar)'라고도 한다. • 깃의 각이 벌여져 있고 풀을 먹여 빳빳한 이 컬러는 다른 어떤 종류보다 가장 포멀한 타입이다. • 싱글 브레스티드 수트에도 입기는 하지만 역시 더블 브레스티드 수트에 제격이다. • 스포츠 재킷이나 트위드 재킷 같은 캐주얼한 느낌의 옷에는 어울리지 않는다. • Spread가 10㎝	
와이드 컬러 (Wide Spread Collar, Cut Away)	• 와이드 컬러는 윈저 컬러보다 Spread가 2~3㎝ 더 벌어진 이탈리언 스타일의 드레스 셔츠이다.	
탭 컬러 셔츠 (Tap Collar)	• 깃 양쪽에 고리(탭)가 달려 있어 타이의 매듭 밑에서 서로 연결하여 타이의 모양을 고정시킬 수 있다. • 핀 컬러 셔츠만큼 타이를 멋지게 고정시키지는 못하지만 방법이 덜 까다로워서 더 많이 애용되고 있다. • 고리에 달려 있는 단추는 요즘 들어 플라스틱으로 변해가고 있지만, 청동단추(Brass Stud)가 원형이며 그것이 한결 우아하고 고급스럽다. • Spread 6~6.5㎝	
버튼다운 컬러 (Button-down Collar)	• 캐주얼 셔츠에서 많이 볼 수 있는 스타일로 컬러 깃 끝을 단추로 고정시켜 잠글 수 있다. • 깃이 부드러워 편안한 것이 특징으로 캐주얼한 이미지로 드레시한 복장에는 착용하지 않는 것이 관례였으나 오늘날에는 입는 사람의 개성에 따라 수트와 함께 입는 셔츠로 사랑받고 있다. • Spread 6~6.5㎝	

구분	특징	사진
윙 컬러 (Wing Collar)	컬러 깃의 모양이 새의 날개 같다고 하여 붙여진 이름으로, 파티나 행사에 턱시도 정장에 입을 수 있는 셔츠이다.	
차이나 (Band Collar)	넥타이를 맬 수 없는 캐주얼 셔츠 타입으로 단추로 닫게 되어 있다. 컬러 끝이 둥글면 미니라운드 밴드 칼라(Miniround Band Collar)라 한다.	

색상에 따른 셔츠 선택법

구분	특징	사진
화이트 셔츠	• 신뢰감이나 성실도, 업무 능력이 월등히 부각된다. • 공무원이나 방송, 언론계에 종사하는 남성들에게 적당하다. • 어떤 넥타이와도 잘 어울린다.	
파란색 셔츠	• 산뜻한 느낌을 주는데 가장 좋다. • 광고나 금융계 쪽에서 일하는 남성들에게 적당하다. • 비즈니스 상대가 연장자이거나 얼굴에 붉은 기가 도는 사람은 피한다. • 넥타이는 상반된 이미지의 붉은색이나 노란색 계열이 좋다.	
줄무늬 셔츠	• 어느 수트 차림에도 잘 어울리고 체형에 상관없이 손쉽게 입을 수 있는 셔츠 • 격자무늬, 물결무늬 등이 들어간 패턴 셔츠는 자칫 경솔해 보일 수 있으므로 업무용으로는 되도록 피하는 것이 좋다.	

얼굴 형태에 따른 컬러의 선택법

표현	내용
마르고 긴 얼굴	길고 폭이 좁은 컬러는 더욱 강조하므로 중간 혹은 넓은 컬러로 균형을 맞춘다.
긴 목	밴드의 높이가 많이 올라온 셔츠를 입는 것이 좋다.
둥근 얼굴	둥근 컬러는 더욱 강조하므로 중간 혹은 긴 길이의 좁은 폭 컬러가 좋다.
짧은 목	컬러 밴드의 높이가 낮은 셔츠를 입은 것이 좋다.

14 넥타이

현대 남성의 복장 중에서 빠질 수 없는 필수 항목이 된 넥타이는 상대적으로 저렴한 가격으로 유행의 대열에 쉽게 참가할 수 있게 해주는 훌륭한 액세서리다. 오늘날 양복의 입체감을 살리고 포인트로 사용하게 된 넥타이의 기원은 기원전 50년경 고대 로마 병사들이 목에 휘감아 착용한 '포칼(Focal)'에서 기원되었다.

지금의 넥타이 원형이 완성된 것은 1656년 프랑스로 크로아티아의 크로아트 연대 병사들이 터키 전투에서 승리한 후 루이 14세에게 충성을 맹세하기 위해 앞가슴에 단 '크라바트(Cravate)'라는 장방형의 천을 보고 귀족들이 이 스타일을 흉내를 내면서부터다. 그 후 영국으로 건너간 크라바트는 넥타이로 불리며 보우 브라멜이라는 디자이너가 넥타이 매는 법을 창안하여 현대의 다양한 넥타이로 발전하게 되었다.

넥타이는 개인의 인격과 품위, 개성과 독창성 등을 표현할 수 있게 해줌으로써 복장과 인체를 결합하여 주는 중요한 요소가 되었다. 넥타이는 정장을 입거나 캐주얼 차림을 하거나 이제 자신의 개성을 살리는 필수 소품이 됐다. 그러나 기본적인 패턴을 알고 나서야 그 응용범위가 넓어지기 마련인데 넥타이 매듭법과 문양에 따른 분위기 연출의 차이를 알아본다.

형태에 따른 넥타이의 종류

표현	내용
포인핸드 (four in hand tie)	• 1890년대 이후 비즈니스맨이나 일반 남성들이 착용하는 스타일의 넥타이로, 매었을 때 맨 곳에서 아래까지의 길이가 주먹의 약 4배 정도라고 하여 이름이 붙었다. • 10㎝ 이상 폭넓은 것을 와이드 타이(wide tie), 4~6㎝ 정도로 좁은 것을 슬림 타이(silm tie) 또는 내로우 타이(narrow tie)라고 불러 구분하고 있다.
크라바트(Cravate)	• 1630년대 프랑스 군대 크라바트 연대의 한 병사가 목을 보호하기 위하여 흰 리넨 또는 삼베를 접어 목에 두른 것이 기원이다. • 그 후 레이스 등을 달거나 실크로 만들어 장식용으로 발전하였다. • 넥타이를 매는 방법으로는 간단히 매는 프레스식, 노트가 프레스식보다 큰 에스콰이어식, 흔히 매는 윈저 노트식, 그리고 보 타이식이 있다.
클립온 타이 (clip-on tie)	• 포인핸드형의 넥타이나 금속의 핀이 부착되어 쉽게 와이셔츠에 고정시킬 수 있다.
보 타이 (bow tie)	• 남자용의 작은 타이로서 끝이 네모진 것과 마름모꼴, 나비 모양으로 매는 넥타이이다. 최근에는 정장차림에 많이 쓰인다. • 검은색은 턱시도(tuxedo)에, 흰색은 연미복(evening dress)에 착용하는 것이 원칙이다.
애스컷 (Ascot)	• 19세기 말 영국의 애스컷 히드(Ascot Heath) 종족이 착용한 데서 붙은 목 장식용 타이이다. 폭이 넓은 타이로서 앞을 핀으로 고정한다

문양에 따른 넥타이 종류

구분	특징	사진
솔리드 (Solid)	• 말 그대로 무지인데 깔끔한 분위기를 준다. • 단정한 분위기를 연출할 때나 격식 있는 모임에 코디하면 적합하다. • 하나쯤 갖추어야 할 기본적인 타입이다.	

글렌 체크 (Glen Check)	• 스코틀랜드의 클레나카이트 체크의 약칭으로 체크무늬로 안정된 느낌을 느끼게 해준다.	
펜슬 스트라이프 (Pencil Stripe)	• 연필로 그은 선 같은 라인으로 구성되어 고급스러우며 멋스러운 느낌의 오피셜룩에 잘 어울리고 모든 자켓에 무난하다.	
쵸오크 스트라이프 (Chalk Stripe)	• 선이 약간 굵고 분필(쵸오크)로 그린 듯한 단색 스트라이프를 가리킨다. • 라인의 굵기에 따른 다양한 느낌을 줄 수 있다.	
더블 바 스트라이프(Double Bar Stripe)	• 두 개의 가는 선이 한 조가 되어 하나의 라인을 구성되어 있다. • 프렌치 스트라이프라고도 불리워진다.	
블록 스트라이프 (Block Stripe)	• 스트라이프 라인 부분과 바탕 부분이 같은 간격으로 배열되어 있는 것을 말한다. • 라인은 단색이며 굵어서 예식용 넥타이로 어울린다.	
트리플 바 스트라이프 (Triple Bar Stripe)	• 세 개의 선이 한 조가 되어 하나의 라인처럼 구성되어 있다. • 단색이 기본이다.	
모티브 (Motive)	• 동식물을 비롯해 마구나 닻 등의 해저 용구, 스포츠 용구 등을 그대로 사용한 무늬로 되어 있다. • 전통적이지만 인기 있는 패턴이다.	
도트	• 물방울무늬 타이로 컬러와 물방울의 크기에 따라 느낌이나 멋이 달라진다. • 비즈니스 룩과 함께 하는 도트 타이는 밝고 신선한 느낌을 준다. • 경쾌한 이미지를 연출시킬 때 사용한다.	

제6장 패션

표현	내용	
페이즐리 (Paisley)	• 스코틀랜드 페이즐리 지방에서 나왔으며, 짚신벌레로 불리는 '곡옥' 모양의 프린트 패턴 무늬다. • 패셔너블한 분위기 연출에 좋다. • 넥타이뿐만 아니라 스카프나 셔츠 등에 널리 사용된다.	
올오버 (All Over)	• 같은 무늬가 반복되는 패턴으로 전면이 프린트 된 타이 짜임새가 특이해 그 자체가 무늬가 되는 타이로 침착하고 품위 있어 보이며 은은한 맛이 있어 캐주얼한 분위기 연출에 그만이다. • 무늬에 따른 개성연출이 가능하다.	
스페이스트 패턴(Spaced Pattern)	• 올오버 타입의 일종으로 기본 패턴무늬가 띄엄띄엄 떨어져 있어서 바탕색이 많이 드러나 보인다.	
로얄 크레스트 (Royal Crest)	• 크레스트 무늬와 스트라이프로 짜 맞춘 무늬다. • 인기있는 전통적인 넥타이 패턴이다.	
로얄 크레스트 (Royal Crest)	• 본래는 영국 군대의 심볼 컬러를 조합시킨 독자적인 무늬이다. • 색상과 폭까지 정해져 있는 정통파 넥타이 패턴이며, 클럽타이라고도 한다.	
플로럴 (Floral)	• 꽃무늬를 이용한 패턴의 총칭이며, 꽃이나 꽃잎만을 디자인한 것 이외에 가지나 꽃잎을 디자인한 것도 플로럴 패턴이라 할 수 있다. • 밝은 배색이 많다.	

소재에 따른 넥타이 종류

표현	내용
실크넥타이	• 가장 고급스러운 소재로 주름이 잘 생기지 않는다. • 장점은 부드럽고 유연하며 고급스러운 느낌이 든다. • 가격이 비싸고 관리 및 세탁이 까다로운 단점이 있다.

폴리넥타이	• 폴리에스터가 들어간 것은 내구성, 염색성, 세탁성이 좋으며 건조가 빠르고 구김이 잘 가지 않는다. • 장점은 탄력성이 있으며, 주름지지 않는 특성과 가격이 저렴해 가장 널리 이용되고 있다.
모직물 넥타이	• 주로 겨울용에 적합 • 장점은 형태가 잘 무너지지 않고 주름지지 않는 특성이 있다. • 결점으로는, 볼륨감이 너무 있어 매기가 힘들다는 것이다.
면 넥타이	• 튼튼하고 적당한 탄력성이 있으며 염료의 배합이 용이하여, 캐주얼스타일에 잘 어울린다.
린넨 넥타이	• 여름용으로 적합하다. • 장점은 청량감이 있어 좋다. • 단점은, 탄력성이 부족하고 주름지기가 쉽다.

넥타이의 매듭 방법

• 포인 핸드 노트(four-in-hand Kont)

① 일명 플레인 노트라고도 불리며 가장 활용 범위가 넓은 매듭법이다.
② 응용 범위가 넓어서 정확히 익혀두면 어떤 종류의 넥타이 매기도 가능하다.
③ 응용 범위가 상당히 넓어서 확실히 익혀둔다면 어떤 종류의 넥타이도 잘 맬 수 있게 된다.
④ 포인트는 역삼각형 매듭 아래로 내려오는 큰 날의 시작 부분을 자연스럽게 처리하는 것이 중요하다.

넓은 끝 A가 B위에 놓이게 하여 교차한다.	A를 뒤에 짧은 B를 안으로 감는다.

계속 A를 돌려 B 앞으로 가져온다.	큰 고리 안쪽으로 A를 넣는다.

앞 매듭을 벌려 A를 넣고 아래로 당긴다.	고리를 보기 좋게 마무리한다.

- 윈저 매듭(Windsor Knot)

① 세계적인 베스트 드레서인 영국의 윈저공이 창안하여 인기를 얻는 매듭법이다.

② 윈저노트는 매듭이 큰 것이 특징이므로 와이드 컬러 셔츠인 윈저 셔츠와의 코디가 제격이다.

A를 B의 위로 올려 놓아 교차시킨다.	큰 고리 안쪽으로 A를 넣는다.

A를 가지고 B를 뒤로 감아 놓는다.	다시 한번 A를 가지고 B를 앞으로 감아 놓는다.

다시 큰 고리 안쪽으로 A를 넣는다.	앞 매듭을 벌려 A를 넣고 아래로 당긴다.

고리를 보기 좋게 마무리한다. 이때 양쪽 걸린 부분의 조임을 균등하게 만드는 것이 중요하다.

체형에 따른 넥타이 선택법

표현	내용
키 작고 살찐 체형	• 패턴이 있는 셔츠보다는 단색의 무지 셔츠와 사선 스트라이프 패턴의 넥타이가 적당하다. • 단색 셔츠의 경우 밝은 색상보다는 어두운 색상이 보다 날씬해 보인다. 넥타이의 스트라이프 패턴은 단순하지만, 시선을 모아주는 효과가 있다.
키 작고 마른 체형	• 밝은 색 셔츠와 잔무늬의 폭 좁은 넥타이를 선택한다. • 밝은 셔츠가 팽창 효과를 주기 때문에 마른 체형을 보완해 준다. • 키가 작은 경우 너무 큰 패턴의 넥타이는 어울리지 않는다.
키 크고 살찐 체형	• 푸른색 계열의 셔츠와 잔무늬의 짙은 색 넥타이가 무난하다. • 푸른빛 셔츠는 차분하고 단정한 느낌을 주며 짙은 넥타이는 살찐 체형을 보완해 준다. • 잔잔한 물방울 무늬 넥타이는 어느 셔츠에나 활용가능한 기본형이다.

키 크고 마른 체형	• 밝은 색상의 셔츠와 붉은색 계열의 넥타이가 어울린다. • 붉은색 계열의 넥타이 경우 옅은 회색, 핑크 등 따뜻한 느낌의 셔츠와 함께 코디하면 도회적이고 세련된 이미지를 줄 수 있다.

양복 색깔에 따른 넥타이 선택법

양 복	검정색	청색	밤색	감색	회색
넥타이	연회색 쥐색	자주색 감색	자주색 황토색 적색	자주색 연청색 감청색	옅은 자주 청록색 검정색

오늘날과 같은 보우타이가 탄생한 것은 19세기 말엽으로, 보우타이는 사회 전체에 풍미하던 타락의 풍조에 반하는 정신적인 요구로 생겨나게 되었다.

넥타이 착용 시의 유의 사항

- 넥타이를 매어 늘어뜨린 길이가 바지 허리선인 벨트의 버클을 약간 덮을 정도가 알맞다. 이보다 짧게 매면 인색한 듯한 느낌을 주며, 지나치게 길면 느슨한 인상을 준다.
- 넥타이의 폭 넥타이의 폭은 상의의 깃 폭과 관계가 있다. 유행에 따라 양복 상의의 깃 폭이 넓어지면 넥타이 폭도 넓어지고, 좁아지면 따라서 넥타이의 폭도 좁아진다.
- 깃 폭과 넥타이 폭을 맞추어서 착용하면 보기에도 균형이 맞고 안정감이 있다.
- 타이의 길이는 132~147㎝(52~58인치) 정도가 적당하지만, 키가 크거나 윈저 놋트(Windsor Knot/두 번 돌려 묶어 매듭을 크게 짓는 모양)를 애용하는 사람에게는 더 긴 타이가 필요하다.
- 타이를 맨 후에 타이의 끝은 바지의 허리밴드에 닿아야 하며, 그 길이는 서로 같거나 뒷쪽의 것이 짧아야 한다.

- 얼굴이 검은 경우 중간색 계열의 셔츠와 짙은 색 넥타이를 선택한다. 너무 밝은 색상의 셔츠는 어두운 얼굴을 더 두드러지게 하며 짙은 색상의 셔츠는 얼굴과 같이 어두운 효과를 주게 된다.
- 얼굴이 클 경우 흰색 셔츠와 잔무늬 넥타이를 선택하면 넥타이로 시선을 모아 줘 큰 얼굴을 보완할 수 있다.

15 넥타이 핀과 커프 링크스

넥타이핀((necktie pin)은 통상 커프 링크스(cuff links)와 세트로 구성되고 있는데 넥타이핀은 넥타이가 흔들리거나 위치가 바뀌는 것을 막기 위하여 착용하는 것으로 핀형과 체인형, 집게형이 있으나 현재는 집게형이 많이 사용되고 있다. 커프 링크스는 와이셔츠 소매의 단추 구멍에 끼워서 단추보다 중후한 맛을 내기 위하여 사용하는 남성용 액세서리이다. 넥타이 핀과 커프 링크스는 단순하고 번쩍거리지 않으면서 지나치게 크지 않은 것이 좋다.

구분	특징	사진
넥타이 핀	• 와이셔츠 4번째 단추 상, 하 2.5.㎝에 착용하는 것이 보기 좋다.	
커프 링크스	• 소매 아래로 레이스 주름이 보이던 것에서 유래하였으며 항상 소매 아래로 1.5㎝ 정도 보이는 것이 적당하다.	

핀형 넥타이 핀   체인형 넥타이 핀

01 귀걸이

귀를 장식하는 장신구를 통틀어 '이어링'이라 하는데, 귀걸이는 옷보다도 얼굴에 속하면서 악센트가 되기 때문에 어떤 스타일의 옷차림에도 귀걸이를 착용하는 것은 돋보인다.

모양에 따른 분류

구분	특징	사진
버튼형	• '스터드(stud) 타입'이라고도 하며 비즈니스 업무에 어울린다. • 귀에 밀착하는 타입으로 면을 강조하는 디자인이 많다. • 이어링이나 피어스를 처음으로 하는 사람들이 자연스럽게 이용할 수 있는 스타일이다.	
후프형	• 'G 타입'이라고도 하며, 저녁에 로맨틱한 분위기를 연출하는데 어울린다. • 귓볼을 둥글게 감싸는 스타일로 앞, 뒤, 좌, 우 어디에서나 아름다움을 즐길 수 있는 장점이 있다.	
드롭형	• 귀에서 길게 늘어지는 스타일로 스포티하게 보여 캐쥬얼한 옷에 잘 어울린다. • 흔들리는 움직임이 있어 이어링 중에서도 가장 화려하고 여성스러움을 강조한 스타일이다.	

얼굴 형태에 따른 귀걸이 선택법

구분	특징	사진
둥근 얼굴	• 큰 사이즈의 이어링으로 둥근 이미지를 커버해 주는 것이 효과적이다. • 드롭타입은 세로로 길게 라인을 강조하므로 적합하다. • 둥근 이어링은 오히려 둥근 얼굴을 더욱 둥글게 하여 역효과를 일으킨다. • 곡선을 강조하는 각이 큰 이어링이나 넓고 달랑거리는 이어링, 길게 늘어진 이어링이 효과적이다.	
역삼각형 얼굴	• 작은 사이즈의 원형이나 큰 타원형이 어울린다. • 드롭형을 착용하면 얼굴을 부드러운 라인으로 만들어 준다. • 얼굴형과 같은 실루엣의 역삼각형 타입의 것을 착용하면 턱의 라인을 눈에 띠게 하여 역효과를 내게 된다.	
사각형 얼굴	• 작은 것보다 큰 사이즈의 이어링이 얼굴에 더 어울린다. • 길고 밑이 넓은 것이나, 큰 타원형이 효과적이다. • 사각형의 이어링이나 귀걸이를 하는 것은 더욱 모난 이미지를 강조하므로 피한다.	
긴 얼굴	• 볼륨감 있는 귀걸이는 얼굴에 폭을 더해 균형을 맞춰주는 효과가 있다. • 후프 귀걸이나 클러스터 귀걸이가 좋다. • 드롭형 귀걸이는 시선을 아래로 끌어내려 얼굴을 짧게 보이게 한다.	
타원형 얼굴	• 균형 있게 보이는 비결은 옆으로 긴 이미지를 가져오는 것이다. • 후프 타입이나, 둥근 라운드 타입 등 부드러운 이미지의 것이 좋다. • 입체적이고 볼륨감 있는 이어링이 좋다.	

귀의 생김새에 따른 귀걸이 선택

구분	특징	사진
귀가 옆으로 향해 있는 사람	• 귀가 옆으로 향한 경우는 어느 정도 볼륨이 있고 옆에도 특징이 있는 것을 고르는 것이 좋다. • 예를 들어 옆에도 스톤이 있거나 입체적인 디자인이라면 정면에서 보나 옆에서 보나 모두 얼굴을 돋보이게 할 수 있다.	
귀가 올라가 있는 사람	• 귀의 위치가 보통보다 위에 있는 사람은 아래로 늘어지는 드롭형 타입이 어울린다. • 착용시 끝이 입술이 있는 위치 정도에 오면 얼굴과의 밸런스도 맞고 샤프하게 보이는 효과가 있다.	
귀가 정면으로 향해 있는 사람	• 앞에서 얼굴을 볼 경우, 순간 눈길을 끄는 디자인 그리고 입체적이 아니고 귀에 밀착되는 것이 적절하다. • 특히 스터드 타입 등을 권한다. • 귓볼의 크기에 따라 적절한 사이즈를 고른다.	
귀가 내려가 있는 사	• 귀가 아래로 처진 사람의 경우, 볼륨있는 타입이나 길게 늘어지는 타입은 목을 짧게 보이게 하므로 주의한다. • 시선을 위로 모아 얼굴의 밸런스를 좋게 하는 작은 후프 타입이 적당하다.	
귓볼이 두껍고 큰 사람	• 두툼한 귓볼이 지나치게 작은 피어스 이어링으로 더욱 두드러지지 않게 어느 정도 볼륨이 필요하다. • 적당한 볼륨과 적당한 면적을 가진 오밀조밀한 디자인이 둔탁하지 않고 가벼움을 주어 좋다.	
귓볼이 얇고 작은 사람	• 지나치게 볼륨이 있거나 큰 사이즈의 이어링은 반대로 귓 볼을 더욱 빈약하게 보이게 한다. • 스톤이 있는 이어링이라면 금속 부분의 면적이 작은 것이 적당하다.	

02 팔찌

　팔찌는 손목 부분의 액세서리로서 의상을 돋보이게 하는 데 효과적으로 사용할 수 있다. 팔찌는 옷차림만이 아니라 목걸이, 귀걸이와도 조화되게 사용하여야 산만함을 피할 수 있다. 그 조화가 맞지 않으면 팔찌만 너무 돋보이거나 조화가 되지 않는 느낌이 든다. 반대로 조화가 잘 잡히게 되면 팔찌 그 자체가 자신을 화려하게 돋보이게 된다. 작고 통통한 손목에는 폭이 좁은 팔찌가 어울리며, 약간 굵고 넓은 편인 손목에는 대담한 느낌이 드는 팔찌가 어울린다.

　팔찌는 대부분 순금으로 하는 것이 좋은데 이것은 소재 자체가 말끔한 느낌이므로 유행을 타지 않아 언제나 높은 인기를 얻고 있다. 보석을 사용한 팔찌는 매력적인 분위기를 자아낸다. 이와 같이 팔찌의 종류는 다양하므로 그때그때의 용도에 상응하여 사용하면 멋을 즐길 수 있는 액세서리라 할 수 있다. 팔찌는 유행에 민감하여 디자인이나 소재가 자주 변하므로 디자인이 무난한 것이 좋다. 요즘에는 시계가 부착된 팔찌를 사용한 것도 좋다.

03 발찌

발찌는 발목에 착용하는 장신구를 말한다. 발목에 발찌를 하면 섹시한 분위기를 연출할 수 있다. 특히 여름에 양말을 신지 않고 샌들(sandal)이나 뮬(mule)을 신고 다닐 때, 맨살 위에 깔끔한 발찌를 착용하는 것도 색다른 분위기를 느낄 수 있다.

04 반지

반지는 고대 이집트에서 원을 몸에 지녀 영원한 행복을 바라고 싶은 마음에서 유래되었다고 한다. 반지는 원형의 고리 모양으로 영원과 통일, 화신, 그리고 보호의 상징을 의미하고 있다.

일찍이 반지는 해와 달과도 관련이 있으며, 영원성과 관련되어 있는 이유 때문에 결혼이나 다른 결합의 상징으로 지금까지도 인정되고 있다. 그러나 요즘은 반지가 대중화되어 패션 액세서리로 많이 이용하고 있다.

구분	특징	사진
손가락이 짧은 사람	• 아름답게 보이는 비결은 세로로 길게 보이는 것이 중요 • 링은 U자나 V자형 등 세로로 길이가 있는 것을 선택한다. • 보석이나 장식이 붙은 경우 아래쪽으로 향하게 되어있는 것을 선택한다. • 선이 직선적이고 폭이 넓은 타입은 손가락의 길이를 짧게 보이게 하므로 피하는 것이 좋다. • 반지를 여러개 같이 끼는 것은 손가락을 길어 보이게 하는 효과가 있다.	
손가락이 굵거나 통통한 사람	• 5mm 이상의 폭이 넓는 타입이 어울린다. • 디자인은 웨이브나 V자 등의 유동적인 것이 좋다. • 좌우의 굵기가 다른 언밸런스한 것이나, 보석이 들어간 반지의 경우도 효과적이다. • 보석의 빛에 눈길을 빼앗기므로 손가락이 길게 뻗어 보이는 효과가 있다. • 이때 보석의 경우는 오벌컷트나 페어쉐이프형을 좋다.	

관절이 굵은 사람	• 입체적이고 높이가 있는 디자인을 고른다. • 반지로 눈길이 가서 손의 결점이 커버될 수 있다. • 새끼 반지의 경우에 한해서 볼륨 있는 것과 플랜한 타입의 겹 반지는 잘 어울린다.	
손이 마른 사람	• 옅은 색의 보석이나 가는 틀 등 보다 여성스럽게 분위기를 내는 반지를 고른다. • 꽃이나 별이 원포인트로 붙은 것 등, 귀여운 디자인이라면 어떤 것이나 잘 어울린다. • 보석의 색은 선명한 것보다는 파스텔톤의 보석을 고르면 보다 세련된 여성스러운 분위기를 연출할 수 있다.	
피부색이 검은 사람의 경우	• 피부색이 검은 사람은 골드와 잘 맞는다. • 역시 보석이 들어간 반지의 경우는 그린계나 오렌지, 블루 등의 선명한 색을 고르면, 파워풀하면서도 세련된 손으로 보이는 효과가 있다.	

05 모자

모자는 평범한 차림을 간단하게 패셔너블하게 만든다. 또한 얼굴의 단점을 커버하여 돋보이게 하는 역할을 한다. 모자를 이용하여 얼굴 모양, 헤어 스타일, 의복과의 전체적인 조화를 고려하여 적절히 착용하면 뛰어난 이미지를 연출할 수 있다.

일반적으로 모자를 구분할 때 크라운(Crown : 머리부분)과 브림(Brim : 챙)이 있는 것을 총칭하여 햇트(Hat)라고 하고 챙이 없는 것을 캡(Cap)이라고 하나 요즈음은 챙이 모자의 머리 부분 주위를 따라 달려 있는 것을 햇트(Hat)라 하고 챙이 머리 부분의 앞쪽으로만 달려 있는 것을 캡(Cap)이라 한다. 영어의 Hat는 때로는 Cap을 포함하는 모자를 총칭하는 의미로 사용되기도 하나 Cap은 Hat를 포함하지 않고 한정적으로 사용하는 것이 일반적이다.

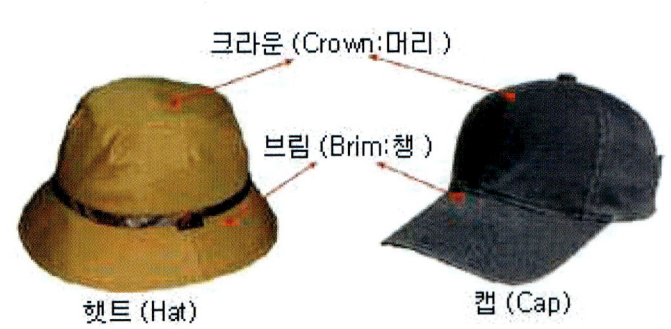

모자의 종류

구분	특징	사진
베레모 (beret)	• 한 장의 양모나 펠트로 만들어지며 머리에 밀착되는 스타일이다 • 원래는 프랑스 남쪽에서 남성을 위하여 검정과 감색으로 만들어 썼으나 요즈음은 스포츠용으로 쓰고 빛깔도 다양하다.	
보닛 (bonnet)	• 여성·아동 또는 유아를 위하여 부드러운 천으로 만든다. • 뒤에서부터 머리 전체를 감싸고 주로 턱밑에서 끈으로 매며 모자 가장자리를 러플로 장식한다.	
보터 (boater or straw)	• 편평한 모자 테, 낮은 크라운, 그리고 리본밴드로 장식하는 밀짚모자 • 남·녀 어린이들이 착용했으며 19세기 말에는 남성들이 보트를 탈 때 애용하였다.	
세일러 해트 (sailor hat)	• 테가 위쪽으로 올려져 있고 작고 둥글며, 황마로 짠 두꺼운 천으로 만든 모자 • 미국 선원이나 해군들이 쓰던 모자이다. • 주로 흰색이며 크라운이 여러 쪽의 삼각형 천으로 되어 있고 위로 꺾여져 있는 브림에 스티치 장식을 한 스타일이다.	
카우보이 해트 (cowboy hat)	• 양옆에서 브림이 약간 휘어 올라가고 앞이 처지며 가죽끈이나 은줄로 턱에다 고정시킨다. • 미국의 카우보이들이 얼굴에 햇볕을 가리기 위하여 쓴다.	
클로시 (cloche)	• 크라운이 높고 브림이 없거나 아주 좁게 달렸으며, 짧은 머리일 경우 모두 감싸도록 되었다. • 거의 눈썹아래까지 눌러 쓰는 것이 특색이다. • 1920년대와 1960년대에 유행한 스타일의 모자이다.	
파나마 모자 (panama hat)	• 테의 뒤가 위쪽으로 구부러진 크라운이 낮은 모자 • 곱고 옅은 빛깔의 지피자파(Jipijapa)라는 식물의 잎에서 나온 짚으로 만든다. 오늘날은 파나마 풀과 비슷한 섬유로 만든	

	것도 이렇게 부른다. • 여름에 쓰는 남성용 모자이다.	
티롤모자(tyrolean hat)	• 부드러운 펠트 천으로 만든 모자 • 뒤의 브림은 휘어 올라가고 앞은 약간 내려졌으며 크라운에는 리본을 두르고 옆에 깃털을 꽂아 장식한다.	
헌팅캡모	• 가장 큰 특징은 평평한 챙이다. • 챙의 너비와 각도는 디자인에 따라 다르지만, 일반적으로 짧고 앞쪽으로 살짝 기울어져 있다. • 헌팅캡의 운두는 둥글거나 타원형이며, 머리에 꼭 맞는 디자인이 많다. • 양모, 모직, 면, 가죽 등 다양한 소재로 제작되어 계절에 맞는 소재를 선택하여 착용할 수 있다.	
팔각모	• 뉴스보이 캡이라고도 불립니다. • 역사 : 19세기 후반 영국에서 신문 소년들이 착용하기 시작했다. • 다양한 소재 (모직, 면, 가죽 등)와 디자인 (뉴스보이, 베이커보이, 골퍼 등)이 있다. • 착용법 : 앞쪽으로 기울여 착용하거나, 정 가운데에 놓고 착용한다	
스포츠캡	• 스포츠를 할 때 착용하는 모자이다. • 햇빛 차단, 머리카락 고정, 땀 흡수 등의 기능을 제공한다. • 스포츠캡은 소재, 디자인, 기능 등에 따라 다양하게 분류된다.	

얼굴형에 따른 모자 선택법

구분	특징
달걀형 얼굴	• 얼굴이 길고 갸름해 보일 수 있도록 모자의 윗부분이 풍성한 팔각모자를 착용하는 것이 좋다. • 모자 윗부분이 낮거나 챙의 위치가 낮은 모자는 얼굴을 더 둥글게 만들 수 있으므로 피하는 것이 좋다.
긴 얼굴형	• 챙이 넓은 화려한 스타일은 피하는 것이 좋다. • 윗부분이 낮고 뾰족한 모자가 적합하다. • 베레모 등 챙이 없는 스타일은 더욱 얼굴을 길게 보이게 한다.
세모형 얼굴	• 턱선 커버를 위해 윗부분이 높은 것을 피한다.
각진 얼굴	• 윗부분이 풍성하고 챙이 적당히 넓은 모자를 써야 얼굴이 둥글게 보인다.

모자 사용 시 유의 사항

- 챙의 끝이 살짝 말려 올라간 기본적인 스타일의 챙 모자로 귀엽고 여성스러운 분위기로 만들어 준다.
- 키가 작은 사람은 차양 부분이 좁은 모자가 좋으며, 키가 큰 사람은 차양 부분이 넓은 모자가 어울린다.
- 베레모는 쓰는 방법에 따라 분위기 변신이 자유로워 무난한 옷을 입어도 세련되어 보인다. 특히 여성미를 갖춘 귀여운 스타일을 연출하고 싶을 때는 머리를 가지런히 하고, 이마를 덮을 만큼 눌러 쓴다.
- 컬러풀한 니트 모자는 겨울철 보온성을 높이는 동시에 패션성을 가미하여 전체 의복 스타일에 악센트를 주어 경쾌하고 발랄한 이미지를 더해준다.

06 손목시계

시계는 시간을 알아보기 위하여 차고 다는 것이었다. 그러나 지금의 시계는 기능이 다양해져서 패션 액세서리로서 뿐만 아니라 은근히 자신의 경제력을 알리거나 신분을 알리는 역할까지 하고 있다.

요즈음은 시계를 시간을 보는 도구라기보다는 '또 하나의 팔찌'라는 개념으로 접근해 시곗줄의 세부 장식을 살린 디자인도 많이 출시되고 있으며, 스마트 워치가 대중화되고 있다. 더욱이 여성용 시계와 남성용 시계의 구분마저도 의미 없는 중성적인 느낌의 시계가 출시되고 있다.

시계 착용 시 유의 사항

- 몸집이 작은 사람에게는 숫자판이 작거나 줄이 가느다란 시계가 어울린다. 따라서 여성 정장용 시계는 두께가 얇고 디자인이 단순한 것이 좋다.
- 몸집이 크고 뚱뚱한 사람에게는 큰 시계는 어울린다. 특히 타이머, 날짜, 알람 등이 포함된 두꺼운 정밀방수 시계는 모험가의 분위기를 주는 캐쥬얼용, 스포츠용으로 사랑받고 있다.

07 안경

안경은 원래 시력 보완용이나 보호용의 기능적인 면을 담당했으나, 요즘은 인상을 좌우하는 훌륭한 패션 액세서리로 활용되고 있으며, 점차 복장 스타일의 코디네이션 위한 장식적인 욕구에서만 안경을 착용하는 사람도 늘고 있다. 안경을 고를 때는 자신의 개성을 표현할 수 있는 것을 고르는 것도 중요하겠지만 얼굴형, 색깔, 눈썹 사이에 맞는 것을 고르는 것도 중요하다.

얼굴 형태에 따른 안경 선택법

구분	특징
둥근 얼굴	각이 진 안경이 어울리고 각 진 얼굴에 둥근 테는 어울리지 않는다.
작은 얼굴	작고 좁은 것이 잘 어울린다.
큰 얼굴	테가 큰 것이 잘 어울린다.
각이진 얼굴	얼굴의 각진 형태를 느슨히 해주기 위해 둥근 안경테가 잘 어울린다.
장방형의 얼굴	얼굴에서 제일 넓은 부분보다 약간 더 넓은 안경테가 잘 어울린다.
삼각형의 얼굴	얼굴 상부의 코너에서 각이 바깥으로 나오는 안경테가 잘 어울린다.
좁은 얼굴	얼굴의 가장 넓은 부분을 넘어 확장시키는 스타일이 잘 어울린다.

얼굴 색깔에 따른 안경 선택법

구분	특징
얼굴이 누런 사람	금테는 얼굴의 누런 색을 강조하기 때문에 금테 안경을 피한다.
얼굴이 하얀 사람	은테는 하얀 얼굴을 더 나약해 보이기 때문에 은테 안경을 피한다.

눈썹 사이의 거리에 따른 안경 선택법

구분	특징
눈 사이가 넓은 사람	• 코에 걸치는 브리지(bridge) 색이 짙은 것이 좋다.
눈 사이가 가까운 사람	• 산뜻하거나 밝은 색 브리지(bridge)가 좋다. • 브리지가 눈에 띠면 코가 짧아 보이고, 눈은 중심으로 모여 보인다.

- 테의 위 부분은 눈썹의 모양을 자연스럽게 따라갈 수 있는 모양이 좋다.
- 콧볼이 넓으면 아치형 브리지는 더욱 넓어 보이므로 삼가는 것이 좋다.

08 선글라스

　선글라스의 기능은 강한 햇빛으로부터 눈을 보호하는 것이었으나, 점차 인상을 좌우하는 훌륭한 패션 액세서리로 등장하고 있다. 특히 마라톤, 인라인스케이트, 수상스키 등 야외레포츠의 인기가 높아지면서 선글라스의 인기도 함께 상승하고 있다.
　눈을 보호하기 위한 선글라스는 연령, 사용목 적, 장소에 따라 색상을 달리해 줘야 하며, 직업의 종류에 따라서도 조건과 환경에 맞는 색조의 선글라스를 선택해야 한다. 빛을 많이 받는 장소일수록 렌즈는 큰 것이 좋다. 그러나 바닷가, 수영장, 레포츠용 등으로 사용할 때는 고글형처럼 안구를 완전히 덮는 디자인이 좋다.
　선글라스 렌즈색의 농도는 코팅 정도가 70% 이하 즉, 눈의 표정을 읽을 수 있는 정도가 가장 좋은 농도이다. 눈을 완전히 가리는 짙은 색상의 렌즈는 낮에도 동공을 크게 하고 독소 성분인 프리래디컬, 자외선 등 유해한 성분의 빛을 더 많이 흡수해 결과적으로 눈을 상하게 만들기 때문이다.

복장과 어울리는 선글라스 선택법

구분	특징
여성스러움을 강조하는 옷	• 섹시한 메탈 소재의 선글라스 수트 차림이라면 복고풍의 뿔테 선글라스도 어울린다.
깔끔하고 편안한 캐쥬얼 룩	• 귀여운 느낌의 둥근 선글라스나, 무테나 가는 실테의 안경에 파스텔 톤의 깜찍한 컬러렌즈 등이 어울린다. • 특히 속이 훤히 들여다보이는 연한 컬러의 렌즈로 귀여움을 강조할 수 있다.
활동적인 스포츠룩	• 선글라스의 커브가 많은 6~8커브가 좋다. • 화려한 색깔과 대담한 입체적인 디자인의 선글라스로 경쾌하게 보인다.

09 스카프

　스카프는 넥타이의 원래 이름인 크라바트(Cravat)의 변형으로 보여진다. 뻣뻣하고 높은 셔츠 컬러가 지금의 셔츠와 같은 턴다운 컬러(Turn-down Collar)로 변화되면서 크라바트는 점차 지금 형태의 타이로 대체되었고, 수십 가지 다양한 모양의 매는 방법들은 사라져 몇가지 방법만이 남게 되었는데 그중에서 모닝 코트에 매는 아스코트 타이(Ascot Tie)와 같은 방법으로, 첫 단추를 풀고 셔츠 안에 매어지는 것이 지금의 스카프이다.

　스카프는 크라바트라는 포멀한 아이템이 오늘날 주말의 옷차림이나 다소 캐주얼한 옷차림에 어울리는 인포멀한 아이템으로 변화한 것이지만 그 격식과 장식적인 멋은 여전히 변함이 없다. 스카프는 방한이라는 실용적인 측면과 함께 잘 활용하게 되면 상대방의 시선을 끌어 체형의 결점을 감추면서 멋스러운 분위기를 연출 할 수 있다. 스카프는 다양한 소재와 색상, 매는 방법에 따라 여러 분위기로 연출 할 수 있다. 스카프를 사용할 때 고정핀이나 브로치 등도 함께 연출하면 색다른 분위기를 낼 수 있다.

- 실크 스카프는 고급스러움과 함께 스포티한 느낌을 줄 수 있다.
- 면제품은 캐쥬얼로서 청바지에 잘 어울린다.
- 대형 스카프는 반을 접어서 허리에 매듭을 지으면 스커트(pareo)가 될 수 있고, 목과 허리의 뒤에서 매듭을 지으면 비브 홀터(bib halter)가 되어 상의로 이용, 우아한 멋을 느낄 수 있다.

10 머플러

머플러는 다른 지방에 주둔해 있던 로마의 병사들이 추위를 막기 위해 목에 둘렀던 울 소재의 천에서 비롯된 것으로 보여진다. 줄무늬의 다소 인포멀한 스타일에서부터 실용적인 양모와 캐시미어, 그리고 우아한 격식이 살아있는 흰 실크로 만들어진 머플러는 지금도 여전히 고전으로 남아있다.

목도리 매는 법
1) 배용준식 매듭법
드라마 겨울연가에서 배용준은 목도리를 둘렀다. 잘생긴 용모에 그가 사용한 목도리를 이용한 코디네이팅은 많은 시청자들에게 유행처럼 목도리를 매게 하였다.

① 한쪽은 짧게, 다른 한쪽은 길게 목에다 건다.
② 긴 쪽으로 목을 한 번 감아 돼지 꼬리 모양을 만든다.
③ 감지 않은 쪽의 목도리를 돼지 꼬리의 원 안으로 공간을 두고 넣는다.
④ 공간이 생긴 곳으로 목을 감은 목도리 쪽을 교차하듯 넣어서 당긴다.

2) 평범한 머플러 매듭법

크라바트 시대부터 이미 있었던 영국의 전통적인 방법의 하나로 누구나 가장 쉽게 하는 매듭법이다. 자켓이나 코트 속에 집어넣으면 펄럭이지 않고 따뜻하며 실용적이다.

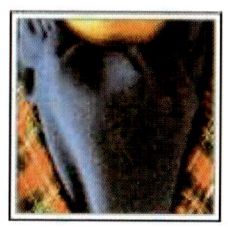 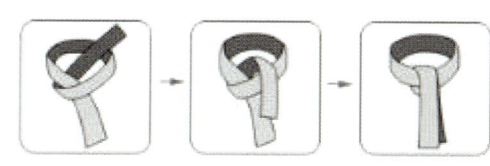

① 한쪽은 짧게, 다른 한쪽은 5cm 정도 길게 목에다 건다.
② 긴 쪽으로 목을 한 번 감아 두른 후 앞쪽에서 교차한 후 밑에서 안쪽으로 넣는다.
③ 긴 쪽을 앞쪽으로 늘어뜨려 앞쪽 자락이 뒤쪽 자락을 감추게 한다.

3) 롤 트와이스 매듭법

목 언저리를 두르는 악세서리로서 뿐만 아니라 방한 기능까지 생각하여 매는 방법이다.

① 길이를 같게 한 후 목 앞에서 목뒤로 둘러 다시 앞으로 가져온다.
② 남은 부분을 옷 안으로 돌려 넣는다.

 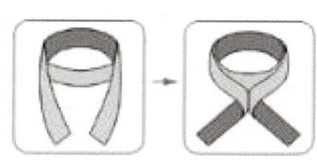

4) 클럽 놋트 매듭법

① 평범한 매듭법과 같이 맨다.
② 남은 한쪽 위로 올려놓고 남은 한쪽을 묶어 올을 만든다.
③ 목에 느슨하게 두르고 매듭을 확고하게 만드는 것이 포인트이다.

5) 패셔너블 매듭법

머플러라고 하면 당연히 방한의 기능이 생각나는데 방한 기능과 더불어 패셔너블한 멋을 풍기는 매듭이다. 캐시미어나 실크와 같은 고품질의 부드러운 머플러를 사용하면 부드럽게 늘어진 모습이 프랑스풍의 향취가 난다.

① 한쪽은 짧게, 다른 한쪽은 길게 하여 짧은 쪽 위로 목에다 건다.
② 긴 쪽을 그림과 같이 넥타이를 매듭 만들듯이 돌려서 매듭을 만든다.
③ 매듭은 단단해 보이지만 목에 느슨하게 두르는 것이 포인트다.

11 목걸이

목걸이를 할 때는 네크 라인이 단순하고 많이 파진 디자인이 목걸이를 더욱 돋보이게 한다. 허리를 묶는 디자인의 옷차림에는 목걸이를 길게 늘어뜨리는 디자인을 피한다.

정장에 목걸이를 착용할 경우에 심플한 디자인이 어울리며 옷의 디자인을 더욱 가치있게 해준다. 목이 굵은 사람이 짧은 길이의 목걸이를 하면 오히려 역효과가 나며 목이 가늘고 긴 사람은 어떤 목걸이를 해도 보기가 좋다. 진주 목걸이는 어떤 옷에도 잘 어울린다.

구분	특징	사진
아주 가는 타입	• 목걸이는 아주 작은 펜던트가 적당하다. • 길이나 두께가 다른 목걸이와 같이 코디하면 목선 부분에 화려함을 더해 또 다른 분위기를 연출할 수 있다.	
약간 가는 타입	• 사무실 안에서나 캐주얼이나 정장에 모두 잘 어울린다. • 어떤 보석과도 코디하기 쉽기 때문에 부담 없이 즐길 수 있다	

굵은 타입	• 큰 펜던트와 어울린다. • 펜던트를 연결하지 않아도 인상적인 연출이 될 수 있는 길이이다.	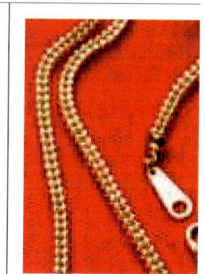
아주 굵은 타입	• 목걸이 자체만으로 사용한다. • 꽤 굵은 타입을 착용할 때는 목 주위의 여유와 옷깃과의 밸런스에 주의하도록 하자. • 투박하고 굵은 목걸이는 목이 긴 사람이 착용하면 드라마틱한 분위기를 표현할 수 있다.	

12 가방

가방은 실용적인 측면이 강한 액세서리로 현대에 와서는 패션 이미지를 완성하는 소품으로 인식되고 있다.

가방의 종류

구분	특징	사진
숄더백 (SHOULDER BAG)	어깨에 메고 다니는 가방으로 주로 여성들이 사용한다.	
토트백 (TOTE BAG)	규격이 작은 손가방, 작은 여행용 가방에서 유래되었지만, 현재는 패션용으로 사용됨, 숙녀용 및 캐주얼용으로 사용한다.	
맨스백 (MENS BAG)	손에 끼고 다니는 가방, 주로 남성이 사용하는 것으로 간단한 소지품을 넣을 수 있다.	
서류가방 (BACK PACK)	사각형의 디자인으로 서류(A4용지 등)를 넣기에 용이하다.	

배낭 (BACK PACK)	등뒤로 메고 다니는 가방(패션용 및 학생용 책가방), 주로 캐주얼 용으로 사용
크로스백 (CROSS BAG)	좌측 어깨에서 우측 허리로 혹은 우측 어깨에서 좌측 허리로 메는 가방. 주로 캐주얼 용으로 사용.
트레블백 (TRAVEL BAG)	여행용 가방으로 최근에는 대형화 추세.
카트 백 (CART BAG)	우리가 흔히 보는 바퀴달린 가방을 말하며, 예전에는 항공기 승무원들이나 일부 계층만이 주로 사용하였으나 해외 여행이 자유화되면서 이에 따라 최근 들어 시장 규모가 가장 커진 품목이다.
지갑 (WALLET)	지폐 및 동전 외 기타 신분증, 신용카드 등을 편리하게 보관하고 사용키 위하여 옷의 주머니 및 가방 등에 넣어서 일상생활에서 사용하기에 가장 편리하도록 만든 것
동전 지갑 (COIN CASE)	주로 여성용으로 많이 사용되는 것으로 동전만 별도로 보관 휴대키 위하여 제작된 지갑. 요즈음은 장식을 이용한 동전지갑이나 지갑에 동전주머니를 별도로 부착한 것이 많이 사용됨.
손가방 (PORTFOLIO)	간단한 서류나 소지품을 휴대하기 위한 것으로 핸들이나 어깨끈이 없고 손으로 들거나 옆구리에 끼고 다닐수 있도록 되어있는 편리한 용도의 약식 서류가방.

화장품 케이스	화장품이나 세면도구를 담을 수 있는 가방	
보스턴 백 (BOSTON BAG)	양쪽에 손잡이가 달려 있으며, 바닥은 직사각형 위는 둥그스름하며 가운데가 불룩하게 나온 여행용 손가방	
허리 백 (WAIST BAG)	끈을 이용하여 허리에 차는 가방으로서 간단한 조깅이나 등산, 낚시, 조깅, 하이킹 등을 할 때 간편하게 휴대품을 보관하기 위하여 작은 규격으로 제작된 가방	

가방 선택 시 주의 사항

- 가방의 크기는 자신의 키와 비례하여 연출하는 것이 바람직하다.
- 키가 작은 사람이 부피가 크고 길이가 긴 핸드백을 들었을 경우는 키가 더 작아 보여 피하는 것이 좋다.
- 정장용, 사무용으로는 특별한 규정이 있는 것은 아니지만 장소나 시간, 목적에 따라 색상, 소재, 디자인이 달라져야 한다. 보편적으로 고정된 박스형이 적합하다.
- 캐쥬얼용이나 운동용으로는 장식을 배제하고 물건을 넣고 다니기 편리한 동적인 형태의 가방을 메는 것이 좋다. 보편적으로 헝겊이나 비닐로 된 가방이 적합하다.
- 여행할 때는 필요한 물품들을 넣고 다니기 위한 가볍고 튼튼하고 크기가 적당히 큰 가방이어야 좋다.

13 여성 구두

    삼성의 고 이병철 회장은 사원을 뽑을 때 구두의 청결 상태를 보았다는 것은 널리 알려진 이야기다. 사람들이 신고 다니는 신발을 보면 활동 중인지 쉬는 중인지 즉각적으로 상상이 되며, 또한 그 사람이 멋쟁이인지 아닌지도 정확히 알 수 있다. 입사 면접 시에나 인력을 채용할 때 옷 보다 구두를 보기도 하는데, 이것은 착용자가 얼마나 일 처리가 깨끗하고 야무진가를 보기 위해서다. 고급 구두나 벨트, 핸드백은 옷차림을 한단계 높여주는 역할을 하지만 인조가죽으로 만든 제품으로 코디하게 되면 좋은 옷도 값싸게 보일 수 있다. 반대로 옷은 싼 제품이라도 소품이 고급스러우면 괜찮다. 구두의 색은 반드시 스커트나 바지 단색과 코디네이트하는 것이 최선이다.

여성 구두의 종류

구분	특징	사진
펌프스 (Pumps)	• 끈이 없고 발가락 부분이 막힌 여성용구두로 대부분의 여성용 정장 구두가 이에 속한다. • 장식이 없는 것이 플레인 펌프스, 발끝이 터져있는 게 오픈 토우 펌프스, 뒤가 뚫린 게 세미 펌프스, 옆이 뚫린 사이드 오픈 펌프스 등이 있다. • 힐의 높이에 따라 로우 힐에서 하이 힐까지 다양하다.	
오픈 토 슈즈 (Open Toe Shoes)	• 단정하게 발을 감싸주면서 발끝만 살짝 보여주는 구두.	

스트랩 슈즈 (Strap Shoes)	• 발등이나 발목 등에 끈이 달려있는 펌프스. • 디자인적인 요소가 강한 스타일로, 특히 발목 부분에 끈을 감는 스타일을 앵클 스트랩 슈즈(ankle strap shoes)라고 한다.	
슬링 백 슈즈 (Sling back shoes)	• 뒷부분이 트여 있는 오픈 백 슈즈 중에서 뒤꿈치를 벨트로 처리한 스타일을 특별히 슬링백 슈즈라 한다.	
사이드 오픈 슈즈 (Side Open Shoes)	• 펌프스의 양 측면 또는 한 면을 터놓은 구두.	
뮬 (Mule)	• 뒤꿈치 부분이 오픈된 슬리퍼형 구두로 발등이 거의 보이는 스타일로 파티용으로 드레스에 어울린다. • 걸을 때 따각거리는 흠이 있지만 우아하게 연출도 가능하다.	
샌들 (Sandal)	• 일반적인 개방형 신발을 통칭한다. • 힐의 높이에 상관없이 발을 놓는 바닥과 발을 고정시키기 위한 스트랩으로 만들어진 구두로 단정하면서도 시원스러워 보인다. • 상당히 여성스럽고 엘레강스해 보인다.	

여성 구두 신을 때의 유의 사항

• 가늘고 높은 굽은 다리를 굵고 휘어 보이게 한다.

가늘고 높은 구두를 신으면 다리가 길어 보이고 가늘어 보일 것 같지만 상황은 반대다. 굵은 다리에 뾰족한 하이힐을 신으면 몸무게에 눌려 신발에 무리가 오면서 다리에 힘이 들어가게 된다. 결국 알통이 나오고 걸을 때 다리가 휘어져 옷맵시까지 망가

뜨린다. 따라서 너무 높지 않고 뾰족하지 않은 구두가 무난하다.

- V자로 파인 부츠가 다리를 가늘어 보이게 한다.

부츠를 살 때 주의할 점은 입구의 모양이다. 뒷 모양새가 일자로 된 디자인보다 V자로 파인 디자인이 다리를 가늘고 길어 보이게 한다.

- 통굽 구두는 안 보이는 다리도 굵어 보이게 한다.

롱스커트에 통굽 구두를 신으면 구두로 시선이 바로 이어져 뭉툭한 통굽이 강조된다. 전체 실루엣에 비해 발 부분이 너무 무거우면 안 보이는 다리까지 코끼리 다리로 지레짐작 되므로 조심. 너무 뭉툭하지 않은 구두나 사보를 신는 것이 좋다.

14 남성 구두

구두는 남자의 차림새를 이루는 것들 중에서 옷에 버금가게 중요한 품목이다. 신체의 무게를 담당하고 있는 발이 인생의 반 이상을 구두 속에서 보낸다는 기능적인 이유 외에도 차림의 센스나 사회적 지위를 나타내는 명백한 표현이 되곤 하는 것이 구두이기 때문이다.

신고 있는 구두가 옷차림에 적합한가 하는 것은 구두 선택의 중요한 요소가 된다. 물론 색상까지 굳이 수트와 똑같이 맞추어야 하는 것은 아니다. 남자의 정장 수트에 어울리는 구두는 수트보다 밝아서는 안 되며, 그러므로 검정이나 다크 브라운의 구두는 어떤 수트와도 잘 조화된다. 다만, 그 스타일은 신사에게 어울릴 만한 것이 전통과 기호에 따라 다음과 같이 몇 가지가 있어서 선택의 기본이 된다.

구분	특징	사진
윙 팁 슈즈 (Wing-Tip Shoes)	• 윙 팁이란 구두코 장식이 날개를 펼친 새와 닮았다고 하여 미국인들이 부른 데서 유래한다. • 독특한 장식이 멋스럽게 느껴지는 가장 정통한 스타일의 구두로 정장에 어울린다. • 스포츠 자켓, 스포츠 셔츠 차림에도 잘 어울려 쉽게 소화하기 쉬운 구두이다.	
로퍼 (Loafer)	• 뒤축이 없는 인디안모카신(Moccasin)을 변형시킨 구두다. • 정장보다는 캐주얼에 어울리는 구두다. • 원래 실내용으로서 발끝이 편하기 때문에 격식 있는 정장에서는 피하는것이 좋다	

종류	설명	
탯셀 슬립 온 슈즈 (Tassel Slip-On Shoes)	• 슬립온 스타일에 술장식(탯셀)이 달린 구두로 궁전에서 신던 실내용 구두에서 유래한다. • 타이트한 수트보다는 조금 풍성한 차림의 수트에 어울리는 구두다. • 요즘 여성들에게는 노년 취향의 구두로 오인되어 주의를 기울여야 한다.	
스트레이트 팁 슈즈 (Straight-tip Shoes)	• 스트레이트 팁은 구멍이 뚫린 장식이나 바늘 땀이 구두 코에 둘려져 있는 구두를 말한다. • 세미 브로그로 불리기도 하며, 단순하고 싫증 나지 않는 디자인으로 클래식한 분위기를 준다. • 검소하고 고결한 인상을 풍기는 구두로 공식적인 장소에는 물론 관혼상제 어느 때나 어울리게 구두다.	
몽크 스트랩 슈즈 (Monk-Strap Shoes)	• 평평한 구두코에 금속으로 된 버클 장식이 달린 구두를 말한다. • 겉모습은 다소 투박해 보이고 무거워 보이지만 신으면 스포티한 감각이 느껴져서 다양한 옷에 어울린다.	
플레인 토 슈즈 (Plain-Toe Shoes)	• 구두코에 아무 장식없는 디자인으로 가장 기본적인 형태의 구두이다. • 울 소재의 정장 수트와 잘 어울리며 스포티한 차림이나 셔츠차림에도 잘 어울리는 무난한 구두이다.	
옥스포드 슈즈 (Oxford Shoes)	• 일반적으로 끈을 매는 구두 모두를 말하며, 영국 옥스퍼드 대학의 학생들 사이에서 1665년경부터 유행된 단화라는 데서 유래한 구두다. • 윙팁 슈즈나 스트레이트 팁 슈즈, 그리고 플레인 토 슈즈와 같은 신발들이 모두 옥스퍼드이다.	

스웨이드 슈즈 (Suede Shoes)	• 스웨이드는 뒤집어서 부드럽게 무두질한 가죽으로 통상 세무라고 불리는 가죽으로 만든 구두다. • 스웨이드 소재로 만들어진 옥스퍼드 형의 구두라면 정장과 캐주얼 모두에 조화시킬 수가 있다. • 스웨이드 슈즈는 비오는 날이나 눈내리는 날 등 습기에 약하다는 단점이 있다. • 정장과 캐주얼 모두에서 어울리며 특히 젊은 직장인과 사회 초년생에게 잘 어울리나 공식적인 자리나 상가와 같은 장소에서는 가급적 자제하는 것이 좋다.	

남성 구두를 신을 때 유의 사항

- 구두는 스커트나 바지와 어울려야 하고, 또한 스타킹, 양말의 색이나 무늬와도 어울려야 한다.
- 여성 비즈니스 구두로는 단색으로 굽이 적당히 높아서 걸을 때 세련미가 돋보이는 펌프스(pumps)가 좋다. 이것은 어떤 스타일의 옷과도 잘 어울리며 연중 착용이 가능하다.
- 다리가 굵은 편이라면 코가 너무 뾰족하거나 지나치게 여성스러운 구두는 좋지 않다. 다리와 신발이 대조되면 다리가 굵어 보이기 때문이다.
- 굽이 없는 구두보다는 3㎝ 정도의 굽이 훨씬 키도 커 보이고 몸매도 가늘어 보인다. 로퍼나 캐주얼화를 신을 때는 두꺼운 창을 댄 디자인을 고르는 것이 키가 커 보인다.
- 발등이나 발목의 끈은 모델 같은 다리가 아니라면 소화하기 어렵다. 구두의 끈이 짙은 색에 두꺼울수록 더욱 다리가 짧아 보인다.
- 발등에 끈이 있으면서도 가늘고 섹시한 이브닝 구두와 샌들이 있다. 이런 구두는 이브닝드레스나 바지를 입었을 때는 잘 어울린다.
- 부피가 큰 육중한 구두는 전체 의상뿐 아니라 입고 있는 사람에게도 무게를 실어주기 때문에 뚱뚱해 보이기 쉽다.

- 흰색 펌프스는 발을 더 커 보이게 하고 두꺼운 발목으로 시선을 집중시키므로 다리가 아주 가는 사람이 아니면 피해야 한다.
- 검정색 구두는 기본적으로 필요한 아이템이지만 밝은색이나 파스텔톤의 의상에는 너무 무거워 보인다. 일반적으로 의상의 색과 같은 계통이면서 조금 어두운 색상이 어울린다.
- 플랫폼 샌들은 짧은 스커트나 바지에 신으면 굵은 다리는 더 굵게, 가는 다리는 더 가늘게 보인다.
- 짧은 스커트를 입을 때는 구두는 낮게 신는다. 무릎길이의 스커트를 입을 때는 미니스커트를 입을 때보다 굽을 높게 신는다. 롱스커트를 입을 때는 납작한 굽이나 부츠가 더 잘 어울린다.
- 굽이 낮은 구두일수록 바지통은 좁은 것을 입는다.
- 구두 앞이 깊게 파여 있으면 다리가 길어 보인다. 앞이 깊게 파이고 중간 높이 정도의 굽이 누구에게나 잘 어울린다.
- 가볍고 우아한 구두에는 실크나 레이온처럼 가벼운 소재의 의상이 어울리고 무거운 느낌의 구두에는 트위드 등의 두꺼운 소재가 어울린다.

15 벨트

의복을 정리하기 위해 착용하던 대(帶)나 끈에서 비롯된 벨트는 의복을 정리하고 실루엣을 살리면서도 동시에 장식적으로도 중요한 역할을 한다.

- 벨트는 구두와 마찬가지로 정장용과 캐쥬얼용을 구별하여 착용해야 하는데, 벨트 착용은 경우에 따라 플러스 효과를 주기도 하고 마이너스 효과를 주기도 하기 때문에 주의해야 한다.
- 꼬아서 만든 가죽 벨트나 헝겊 벨트는 캐쥬얼용으로 사용한다.
- 부드러운 스웨이드 벨트는 감성적인 분위기를 내므로 정장과 캐쥬얼 분위기 모두에 가능하다.
- 체인 벨트는 강한 인상을 남기므로 착용 시 주의한다.
- 블라우스를 스커트나 바지 위에 내어 입을 때 벨트를 허리선에 걸쳐서 변화를 주면 훨씬 세련미를 준다.
- 단순한 디자인의 모노톤 옷을 착용했을 때는 다른 액세서리의 사용을 절제해야 벨트가 더욱 돋보인다.
- 넓은 벨트는 상체를 짧아 보이게 하고, 헐렁한 벨트는 몸체가 길어 보이게 한다.
- 상의 색과 동일한 벨트는 상체를 길어 보이게 하며 스커트, 바지와 동색인 벨트는 다리가 길어 보이므로 자신의 결점을 잘 보완해서 스타일을 연출한다.

16 양말

- 양말은 장딴지를 모두 덮는 길이로서 절대로 흘러내리지 않아야 한다.
- 다리를 꼬아도 바지 속으로 피부가 보여서도 안 되고, 너무 얇아서 속이 훤히 비쳐 보이지도 않아야 한다.
- 정장에는 단색으로 무늬가 없는 양말을, 격식을 차릴 때는 견 양말을, 캐쥬얼 의복에는 두꺼운 양모 양말이나 아가일 무늬가 있는 양말이 좋다.
- 양말 색은 바지색과 구두색의 중간 정도를 선택하는 것이 적당하다.
- 캐쥬얼 구두나 로퍼즈(loafers) 속에 양말을 신지 않는 것은 가장 예의가 없는 스타일이므로 삼가한다.
- 흰 양말은 스포츠용, 여가용, 위생 목적용이므로 정장에는 피한다.
- 스타킹은 바지나 스커트색에 맞추는 것과 구두보다 연한색을 고르는 것이 기본이다.
- 스타킹은 자신의 살색보다 약간 어두운 톤이 가장 무난하고 어떤 옷에도 잘 맞는다.
- 정장용으로는 주로 투명한 검정색 스타킹을 착용하는 것이 좋다.

17 향수

향수는 상대방에게 좋은 향기를 주는 데 사용한다. 그러나 너무 강하게 쓰면 상대방에 따라 불쾌감이나 부정적인 사고를 하게 됨에 따라 사용에 주의해야 한다.

향수 선택법
- 테스트 용지에 스프레이해서 알콜이 날아간 뒤 10㎝ 정도 떨어뜨려 흔들어 향을 맡아 본다.
- 한꺼번에 3가지 종류 이상의 향을 맡으면 후각이 무뎌져 올바른 선택을 할 수 없으므로 3가지 정도로 제한하는 것이 좋다.
- 만약 마음에 드는 향이 있으면 직접 피부에 뿌리고 20~30분 정도 체취와 섞이고 난 후 선택하는 것이 좋다.

향수 뿌리는 곳
- 향수는 체온이 높은 곳과 혈관이 지나는 위에 뿌리면 향이 빨리 퍼지고 순한 향을 낸다.
- 손목 안쪽, 귀 뒤의 목덜미, 가슴 안쪽 등이 좋다.
- 향기는 아래에서 위를 향해 퍼지므로 스커트 안쪽 밑단, 수트나 넥타이 안쪽, 벨트, 스타킹, 아킬레스건 안쪽 등에 뿌리는 것도 효과적이다.

향료의 농도에 의한 향수의 종류

구분	특징	향료 농도	지속 시간
퍼퓸	• 향수 중 가장 진한 향으로 향이 풍요롭고 깊이가 있으며 풍부함 • 향이 강하므로 향수에 익숙치 않은 사람은 피하는 것이 좋다.	15~30%	6~7시간 이상
오데 퍼퓸	• 퍼퓸과 오데뚜왈렛의 중간 정도 • 퍼퓸과 가까운 농도와 품격, 완성도를 가지며 보다 가벼운 향취로 부담없이 사용할 수 있다.	10~15%	4~5시
오데 뚜왈렛	• 처음 향수를 사용하거나 향에 익숙하지 않은 사람들이 사용하기에 적합하다. • 퍼퓸의 그윽함과 오데 코롱의 프레시한 감각을 동시에 즐길 수 있다.	8~10%	3~4시간
오데 코롱	• 강한 향취보다는 가볍고 은은한 향기를 선호하는 사람에게 가장 적합하다.	5~7%	2~3시간
샤워 코롱	• 이름 그대로 샤워나 목욕을 마친 후 은은한 향취로 온몸을 상쾌하게 유지하고 싶을 때 전신에 사용한다.	3~5%	1~2시간

향기의 종류에 의한 향수의 종류

구분	특징	향
플로럴	• 다양한 꽃향이 주를 이루는 향수. • 향수 초보자들이 쉽게 쓸 수 있는 향수.	화려한 꽃향기
프루티	• 상큼하고 달콤한 열매와 과일들의 향취를 담아 낸 것으로 부드럽고 사랑스러운 느낌이다. • 과일향은 주로 복숭아, 멜론, 그레이프 르푸스느, 사과 등에서 추출한 원액을 꽃향기들과 함께 섞기도 한다.	달콤하고 상큼한 과일향

시트러스	• 레몬, 오렌지, 베르가모트, 귤 등 톡 쏘는 듯한 상쾌함과 프레시함이 느껴지는 향기들을 담아낸 향수이다. • 프레시하고 가벼운 향이 주를 이루는데 상쾌하고 생기 있는 기운을 불러일으키기도 한다. • 무엇보다 톡쏘는 향취가 신선하다.	톡 쏘는 발랄함을 담은 향취
그린	• 신선하고 탁 트인 상쾌한 향기로 잔디, 풀, 나무의 이미지를 가진 향이다. • 리프레시하고 싶을 때 가볍게 사용할 수 있다.	프레시하고 상쾌함
우디	• 샌들우드라고 불리는 백단나무나 참나무, 향나무 등 • 고유한 향을 지닌 나무들과 뿌리의 냄새를 합친 향을 말한다. • 깊은 숲속에서 느낄 수 있는 여유로움과 푸근함을 전한다. • 차가운 듯한 깊은 숲의 기분으로 차분하게 만들어 주는 섬세하고 기품 있는 향기.	독특한 향을 풍기는 나무향
아쿠아	• 파도치는 바다를 연상하게 하는 시원한 향을 말한다. • 바다를 의미하는 마린, 오셔닉 등으로도 불리는 향의 계열로 한마디로 바다를 떠올리게 하는 상쾌하고 시원한 향이다.	푸르른 해양의 향취를 만끽
시프레	• 풍요롭고 낭만적인 지중해의 섬에서 나는 이끼나 떡갈나무에서 서식하는 오크모스라고 불리는 나뭇등걸의 향을 담아낸 향수로 잔잔하면서도 풍요로운 느낌을 풍긴다.	지중해의 매력적인 이끼향
오리엔탈	• 동물의 생식선에서 만들어진 사향과 고래의 분비물에서 얻은 깊고 진한 느낌의 동물성 향료를 혼합해 만든다. • 머스크나 엠버라고 불리는 향이 주류를 이루고 있어 여성 향수에는 물론 남녀공용으로 쓸 수 있는 유니섹스 향수에도 많이 쓰인다.	신비로운 동양의 향취

계절별로 어울리는 향수

- 화사한 봄에 여성스러움이 강조된 플로랄 계열의 향이 잘 어울리며 인기
- 덥고 땀이 많이 나는 여름에는 숲속의 싱그러움을 느낄 수 있는 그린 계열이나 오염되지 않은 자연의 느낌인 마린 계열이 적당하다.
- 로맨틱하고 우아한 분위기가 감도는 가을에는 지적인 느낌의 플로랄 알데히드 계통의 향수나 따스한 느낌의 오리엔탈 계열 향수가 좋다.
- 차갑고 냉정한 느낌이 드는 겨울에 어울리는 향기는 무스크의 관능, 앰버의 신비, 산달우드의 정열을 담은 오리엔탈 계열의 향수가 좋다.

성격에 의한 향수

구분	대상	향
고고한 미의 향기	• 차분하고도 자유스러운 여성 • 단순하면서도 우아하고 개성있는 여성 • 건전하며 은은한 조화를 선호하는 여성	불가리의 뿌르 팜므 나오미 캠벨의 나오미 캠벨 버버리의 버버리 안나수이의 안나수이 랑콤의 포엠 샤넬의 알뤼르
개성을 강조해 주는 향기	• 젊고 힘찬 향기 • 맑고 신선한 공기의 호흡 • 꿈을 향해 도전하고 성취하는 향기 • 활력이 넘치는 향기 • 정신과 육체에 활력을 불어넣는 향기	파코라반의 파코 불가리의 불가리블랙
여성스럽고 차분한 느낌의 향기	• 클래식함 • 고급스러움 • 운명적이고 로맨틱함 • 은은하고 부드러운 느낌	엘리자베스 아덴의 5번가 크리스찰 디올의 돌체비타 겔랑의 상제리제 엘리자베스의 스프렌더 안나수이 안나수이 크리스찬 디올의 오드돌체비타

장소에 의한 분류

장소	장소
사무실에 어울리는 향수	아쿠아 디 지오, 코코 샤넬, 샤넬 NO19, 샤넬 NO5
미팅 나갈 때 어울리는 향수	엘리자베스 아덴 5번가, 르빠 겐죠, 땅뜨르 뿌아종, 버버리 위크엔드, 플레져, 크리스챤 디올 화렌화이트, 뷰티풀, 랄프로렌, 나르시스, 아쿠아 플로리
그와 멋진 데이트를 위한 향수	쇼메, 베르사체 레드진, 구찌 엔비, 엘리자베스 아덴 썬 플라워, 레드도어
파티나 모임에 어울리는 향수	나오미 캠벨, 알쉬미, 오르간자, 엠포리오 아르마니 엘르, 레드도어, 알뤼르
레저 활동이나 야유회에 어울리는 향수	베르사체 블루진, 버버리 위크엔드, 다비도프 쿨 워터, 360도
신입사원 첫 출근 시 향수	엘리자베스 아덴 그린티, 로 파르 겐조, 다비도프

남성용 향수

구분	특징	사진
swiss Army by swiss army	맑은 듯 차가운 느낌의 민트향과 푸릇푸릇한 풀내음이 나는 자연의 향기	
Burberrys for Man by burberrys	명예와 전통을 존중하는 클래식하고 부드러운 남자의 향기	

Hugo Eau de Toilette Natural Spray	성공한 남성의 상징으로 표현됨. 세련되고 품위있는 스타일을 지향하는 남성 이미지	
Dupon for Man by Dupon	숲 속의 상큼함과 시원스럽고 자연스러운 상쾌한 이미지	
Nicos Sculpture Homme by nicos	젊은 남성으로 자유로운 생활을 원하는 프리랜서에게 잘 어울리는 향수	

향수 사용 시 유의사항

- 쇼핑이나 가벼운 외출 시에는 외출 직전에 향수를 뿌려도 괜찮지만, 극장이나 음악회 등에 갈 때는 외출 1시간 전에 뿌리는 것이 좋고, 식사 약속시에는 2~3시간 정도 전에 뿌리는 것이 좋다.
- 향수는 맨살에 뿌리는 것이 기본이지만 피부가 민감한 사람은 옷감의 안쪽에 뿌려서 향을 즐기는 것이 좋다.
- 스프레이 타입은 공중에 뿌린 후 그 아래에 서서 비처럼 향수를 맞는 것이 좋다.
- 향수는 한 가지만 계속 사용하는 것보다는 이삼일에 한 번씩 다른 향수를 사용하는 것이 바람직하다. 왜냐하면, 한가지 향만 고집하면 점점 사용양이 많아져 너무 짙은 향을 낼 수 있기 때문이다.
- 겨드랑이 아래, 팔꿈치 안쪽, 무릎 뒤 등 땀이 잘 나는 부분에 바르면 땀과 섞여 악

취로 변하기 쉬우니 주의해야 한다.
- 향수 자체의 색에 의해 얼룩지기 쉬우므로 실크, 흰옷, 모피, 가죽 제품에는 직접 뿌리지 않는 것이 좋다.
- 보석류에 향수가 닿으면 광택을 잃거나 변색되기 쉬우므로 각별히 주의해야 한다.
- 향수를 너무 진하게 뿌리면 불쾌감을 줄 수 있다. 따라서 퍼퓸은 2~3방울 정도 점을 찍듯이 바르고, 오드 뚜왈렛은 그보다 1.5배 정도 많은 양을 스프레이한다. 오 데 코오롱이나 샤워 코오롱과 같은 옅은 향수는 퍼퓸의 3배 정도의 양을 전신에 골고루 뿌린다.

제8장
이미지 메이킹

01 얼굴은 인생을 반영한다

의학계에서는 우리 얼굴의 근육은 뇌의 명령을 그대로 전달하며 표현한다고 한다. 사람의 표정은 무려 7천여 가지나 된다고 한다. 이것은 얼굴에 있는 40여 개의 크고 작은 표정 근육들의 움직임을 수학적으로 조합한 숫자이다. 이 표정근육이 항상 일정한 방향으로 계속 움직이면서 주름을 만드는 것이다.

우리는 기쁨, 슬픔, 분노, 두려움과 같은 다양한 감정을 표현하기 위해 얼굴 근육을 사용한다. 시간이 지남에 따라 반복적인 표정은 주름 형성에 영향을 미칠 수 있으며, 이는 삶에서 겪었던 감정과 경험을 암시할 수 있다. 예를 들어, 꾸준히 미소를 짓는 사람은 긍정적이고 외향적인 성격을 가진 것으로 인식될 수 있으며, 반대로 찌푸린 얼굴을 자주 하는 사람은 스트레스나 불안을 많이 겪는 것으로 해석될 수 있다.

그래서 부정적인 생각이나 너무 심각한 생각을 하는 사람은 인상이 어두워진다. 연구직처럼 오랫동안 한쪽으로 몰두하거나 공부를 한 사람들의 근육은 더 경직되어 학자의 얼굴이 되고, 동심을 가지고 사는 사람들은 어른이 되어서도 동안이다. 남을 괴롭히거나 폭력적인 생각만 하다 보면 범죄자의 얼굴이 된다. 어릴 때부터 못생긴 얼굴로 인해 미움을 받거나, 아름다운 얼굴을 가진 덕분에 사랑을 받아왔다면, 그 역시 성격 형성에도 중요한 영향을 끼쳐 인상에 다시 반영되어 나타난다. 이러한 이유는 뼈는 달라지지 않으나 근육의 쓰는 부위에 따라 주름살도 생기고, 살의 위치나 탄력이 달라지기 때문이다.

이처럼 얼굴의 형태가 삶에 끼치는 영향을 보면 타고난 선천적인 얼굴의 형태가 20% 정도 영향을 미치며, 80%는 후천적으로 자신이 만들어 가는 얼굴에 의하여 영향을 받는다고 한다. 따라서 그 사람의 인상은 삶을 반영하는 거울이 된다. 심지어 한날 한시에 태어난 쌍둥이조차 인성에 따라 얼굴이 달라진다.

02 이미지가 인생을 바꾼다

　오랜 역사를 가진 관상은 얼굴 특징을 통해 개인의 성격, 운명, 건강 상태 등을 예측하는 방법이다. 특정 얼굴 특징이 특정 성격이나 운명과 관련된다는 주장들이 있지만, 과학적으로 입증된 근거는 부족하다. 하지만 관상은 여전히 많은 사람들에게 인기 있는 신앙 체계로 남아 있으며, 얼굴의 이미지는 개인의 내면을 반영하며 사람의 인생을 바꾼다는 믿음을 강화하는 역할을 한다.

　인간관계가 복잡해지는 현대사회는 좋은 이미지를 만드는 사람이 성공하는 사회가 되었다. '이미지(Image)'라는 단어는 라틴어 imago(이마고 : imitari 흉내내다 + ago = 흉내 낸 것)가 그 어원으로 사전적인 의미로는 형태나 모양, 느낌, 영상, 관념 등을 나타낸다. 즉, 사람의 경우 외적인 모습, 심상, 또는 상징, 표상으로 정의할 수 있다.

　이미지는 눈에 보이지 않는 허상으로 '어떤 것을 머리 속에 재현하는 일'이라면 '이미지 메이킹'은 어떤 목표나 상황을 이미지화하여 실제로 실현시킬 수 있게 도와주는 메커니즘이다. 즉 이미지 메이킹은 자신의 이미지를 다른 사람에게 언제 어디서든 그 상황에 필요한 사람으로 만들어 주고 그 능력을 배가시켜 주는 것이며 더 나가서는 개인의 잠재하고 있는 내면의 잠재능력을 밖으로 표출시켜 줌으로써 활동력 있고 자신감 있는 사람, 호감을 주는 상품, 조직으로 보여 지게 하는 것이라고 할 수 있다.

　이미지 메이킹의 기본원리는 자신의 외적 이미지를 강화하여, 긍정적인 내적 이미지를 한 차원 높은 곳으로 끌어올리는 시너지효과(synergy effect : 상승효과)를 얻는 것이다. 따라서 이미지 메이킹은 우리가 원하는 이미지를, 스스로 조절함으로서 원하는 목표에 다가가 실현되는 행복한 마음을 갖게 해준다. 이미지는 습관이다. 다시 말해 이미지라는 것은 후천적으로 얼마든지 개발하거나 만들어 갈 수 있다. 그러므로 우리는 이미지 시대에 걸맞은 새로운 성공 전략으로 우리 자신을 이미지 메이킹해야 한다.

03 성공하는 이미지로 디자인 할 수 있다

이미지 메이킹은 선천적이기 보다는 후천적인 노력에 의하여 만들어지는 것이다. 자신의 단점과 장점을 알고 정확히 연습한다면 누구나 원하는 자신을 디자인 할 수 있다. 성공하는 멋진 나를 만들기 위하여 5단계를 실천해 보면 당신도 멋있는 사람이 될 것이다.

1단계 : Know yourself(자신을 알라)

성공적인 이미지 메이킹을 위해서 가장 먼저 해야 하는 것은 자신에 대하여 정확히 아는 것이다. 먼저 종이를 꺼내놓고 장점을 생각나는 데로 모두 적어보라. 다음은 단점을 적어본다. 자신을 객관적 입장에서 분석하기 어려우면 주위 사람들의 조언을 받아도 된다. 내가 가진 장점과 단점을 찾아 내서 자신의 장점은 살리고 단점은 보완해 나가면 당신은 어느새 멋진 사람이 된다.

2단계 : Develop yourself(자신을 계발하라)

자신의 장점을 살리고 단점을 보완하면 이제 자신을 이미지 메이킹하는 기본은 된 것이다. 이제는 더욱 멋있는 사람이 되기 위하여 자신만이 가진 개성이나 장점을 더욱 가치있게 만들어 상대방에게 좋은 인상을 갖도록 한다.

3단계 : Package yourself(자신을 포장하라)

자신만의 특색 있는 개성을 계발하였다면 이제는 그것이 돋보이도록 포장하여야 한다. 복장이나 화장 등 외형적인 것부터 내면적으로 교양이나 언어 구사력에 의해서도 자신을 돋보이도록 포장할 수 있다.

4단계 : Market yourself(자신을 팔아라)

자신이 예전에 비하여 빛나게 보인다면 이제 당신을 남들에게 선택받을 수 있도록 준비를 해야 한다. 행운이나 기회가 자신을 선택하게 하기 위해서는 자신을 성장시키고, 발전시킬 수 있는 상대방을 만나야 한다. 그 첫 만남에서 자신이 선택받을 수 있도록 이미지를 메이킹해야 한다.

5단계 : Be yourself(자신에게 진실하라)

상대방을 만나는 동안 진실하게 보여야 한다. 최고의 마케팅은 마케팅이란 말을 없애는 것이다. 뛰어난 대인관계 기술을 앞세우기보다 상대에게 진심으로 마음으로 다가가면 상대방도 진심이라는 것을 알게 된다. 그러나 어떠한 목적을 달성하기 위하여 가식적인 이미지를 보인다면 상대방은 마음의 문을 닫게 된다. 따라서 지속적으로 좋은 관계를 유지하기 위해서는 상대방을 대하는 동안 진실한 마음으로 대하여 나에 대한 신뢰감이 충분히 형성되어야 내가 원하는 목표를 달성할 수 있다.

04 이미지 메이킹이 필요한 사람

사회가 점차 발달해 감에 따라 이미지 메이킹은 동서고금, 남녀노소, 지위 고하를 막론하고 우리에게 꼭 필요한 것이다. 그중에서도 특히 이미지 메이킹이 필요한 대상을 보면 다음과 같다.

CEO
CEO는 기업의 이미지를 대표하기 때문에 CEO의 이미지에 따라 기업의 이미지가 결정되고, 그에 따라 기업 전반에 영향을 가져온다. CEO가 도의적으로 문제가 되면 그 기업이나 조직은 사람들에게 신뢰감을 잃게 된다. 반면에 CEO의 이미지가 신뢰할 수 있고, 품위 있는 리더쉽을 겸비하였다면 막대한 금전이 들어가는 홍보보다 효과적으로 기업을 대변할 뿐만 아니라 기업의 매출 증대에 큰 효과를 가져온다. 이것은 CEO가 회사의 대표 이미지이기 때문이다. 그래서 CEO들은 자신의 이미지가 바로 기업이나 조직의 이미지라는 생각에 이미지에 신경을 많이 쓴다.

비즈니스맨
비즈니스맨은 자신의 업무를 성공적으로 완수하기 위하여 많은 사람들을 만난다. 따라서 비즈니스맨은 만나는 모든 사람들에게 호감과 만족을 주어야 바로 실적과 관계된다. 따라서 비즈니스맨은 자신의 이미지를 자신의 직업이나 신분, 맡은 역할에 가장 잘 어울리도록 자신을 나타내야 한다. 상황에 따른 대화법이나 비즈니스맨의 복장, 헤어, 좋은 인상, 바른 예절, 걸음걸이 등등 모두가 비즈니스맨이 갖추어야 할 자세다.

비즈니스우먼

현대사회에서 여성의 사회적 진출과 사회적 위치가 향상됨에 따라 좋은 이미지를 가져야 할 필요성이 증가하고 있다. 메이크업, 헤어, 패션 스타일, 상황별 대화법 등 비즈니스 우먼이 갖추어야 할 에티켓이나 예절 등 여러 가지를 잘 갖추어야 한다.

전문가

전문가는 말 그대로 축적된 노하우를 바탕으로 짧은 시간 안에 자신의 이미지를 표현할 수 있어야 한다. 자신의 전문적인 직업에 어울리는 프로 이미지는 상대방에게 신뢰감을 준다.

정치인

당의 이미지나 국회위원 개개인의 이미지가 대중들에게 주는 영향에 따라 승부가 좌우된다. 정치인의 이미지는 국가의 이미지이자 얼굴이다. 따라서 정치인은 대중 앞에서 신뢰할 수 있고 믿음이 가는 이미지를 갖는 것이 중요하다. 특히 정치인은 팀으로 움직이는 경우가 많은 데 정당의 색과 맞는 이미지를 갖고 있는 지 혹은 다른 당원들과 조화로운 이미지를 이루고 있는지가 관건이기도 하다.

구직자

면접의 성패 여부는 이미지의 승부에 달려 있다. 면접은 이미지에 대한 첫인상으로 결정된다고 과언이 아니다. 첫인상에서 호감을 주지 못하면 면접관의 관심을 끌 수 없다. 첫인상을 결정짓는 시간은 불과 6~7초 걸린다. 물론 실적에 비중을 두는 연구직이나 기술직의 경우를 제외하고는 대부분 이 짧은 시간에 면접의 성공 여부가 결정된다. 첫인상에서 면접관으로부터 이미지에 대하여 관심을 끌지 못하면 몇 가지 형식적인 질문만 받고 돌아와야 하는 면접 '의식'만 치를 뿐이다.

05 첫인상의 중요성

첫인상은 처음 만나는 순간 형성되는 그 사람에 대한 이미지를 말한다. 단 몇 초 내에 이루어지는 이 판단은 외모, 말투, 행동, 주변 환경 등 다양한 요소에 의해 영향을 받는다. 보통 사람들은 처음 만나서 약 5~6초라는 눈 깜박하는 사이에 얼굴 표정과 외모, 말 한마디를 통해서 상대방을 평가하게 된다고 말한다. 하지만 최근 미국 펜실베이니아 대학 연구소에서 0.013초 동안 호감도 평가가 가능하다는 연구 결과를 내놓고 있다.

인간은 타인을 빠르게 평가하고 이해하기 위해 첫인상을 중요한 근거로 활용한다. 긍정적인 첫인상은 호감과 신뢰를 얻는 데 도움이 되고, 반대로 부정적인 첫인상은 편견과 오해를 불러일으킬 수 있다.

내면의 감성 속도는 이성적인 사고의 속도보다 빠르게 나타난다. 속도가 중요한 것이 아니라 이러한 연구가 계속되고 있는 이유에 우리는 주목할 필요가 있다. 그 이유는 얼굴 표정과 외모가 비록 그 사람의 모든 것을 나타내거나 결정짓는 것은 아니지만 사람들은 우선 얼굴 표정과 외모를 보고 판단하는 경향이 많고, 실제로도 밝고 세련된 사람은 어디서나 환영받는다는 것을 경험을 통해 알고 있다. 심지어는 첫인상이 나빠서 피해를 본 뼈아픈 경험을 가지고 있기도 하다.

첫인상은 대인관계 형성에 중요한 역할을 한다. 데이트, 취업, 인간관계 등 다양한 상황에서 첫인상이 성공적인 관계를 맺는 데 중요한 요소가 될 수 있다. 그러므로 우리는 이미지 시대에 걸맞은 새로운 성공 전략으로 우리 자신을 이미지 메이킹 해야 한다. 바라만 봐도 기분 좋은 호감 가는 이미지를 만들어야 한다. 신뢰감 있는 모습으로 다시 한번 자신을 생각나게끔 하는 것은 사회생활에서 성공의 지름길이다. 그리고 이 모든 것이 5~6초 안에 이루어진다는 것을 명심해야 한다.

06 이미지는 첫인상이다

우리는 살면서 수도 없이 많은 사람들을 만나게 된다. 그래서 첫인상을 중요시한다. 첫인상에 의하여 상대방과 인연을 맺을 것인지 아닌지를 결정하기 때문이다. 그래서 사원을 선발하는 면접 장소에서는 인상학에 전공한 사람을 면접관으로 초빙하여 인재를 선발하도록 하고 있다. 또한 미팅이나 맞선자리에서도 첫인상에 의하여 지금까지 살아온 내 인생을 결정해 버린다.

만약 여러분이 누군가 처음 만난 자리에서 "당신은 표정이 어두워 보이네요" 혹은 "당신의 첫인상이 무서워 보여요", "당신은 다 좋은 데 성형수술만 하면 더욱 좋은 인상을 줄 것 같다"라는 말을 듣는다면 어떤 생각이 들까? 이런 인상을 가진 사람들은 많은 노력을 들였으면서도 면접에서 떨어지거나, 하는 일마다 잘 안되는 경우가 많다. 그것은 상대방에게 첫인상이 나쁘게 인식되었기 때문이다. 그래서 인상이 안 좋은 사람들은 사람을 만나는 것에 대하여 부담스럽거나 생각하거나 심하면 대인 공포증에 걸린 경우가 많다.

반면에 만나는 사람마다 " 참 인상이 좋으십니다", "참 호감이 가는 인상이네요"라는 말을 듣는 사람들은 첫인상이 좋은 사람들이다. 첫인상이 좋은 사람들은 항상 주변에서 도움을 주려는 사람들이 생겨나기도 하고, 하는 일마다 잘되는 경우가 많다.

이처럼 우리는 첫인상이 좋은 사람에게는 다가서기가 쉽고 편하다고 생각하지만, 첫인상이 좋지 않은 사람은 무언가 불편한 생각이 들어 다가서려고 하지 않을 뿐만 아니라 기억 속에서 안 좋은 사람으로 기억될 것이다. 한번 가진 자신에 대한 첫인상에 대한 나쁜 편견은 다시 바꾸려면 많은 노력과 시간이 필요하며 전혀 효과를 보지 못할 수도 있다. 이처럼 첫인상은 사람의 운명을 결정짓는 중요한 기준이 된다.

첫인상은 단순히 외모를 보고 결정하는 것이 아니라 우리의 표정, 복장, 태도, 용모, 시선, 자세 걸음걸이와 같은 시각적 이미지뿐만 아니라 음성, 억양, 말씨, 언어와 같은 청각적 이미지를 통해 선택 여부를 결정한다. 따라서 모든 사람들에게 좋은 첫인상을 주기 위해서는 상대방의 입장에서 좋아할 만한 이미지를 찾아 자신을 디자인하는 것이다. 아주 짧은 시간에 자신의 첫인상을 좋은 방향으로 PR할 수 있느냐, 없느냐가 자신의 성공과 실패를 결정하는 중요한 관건이라고 할 수 있다.

　그러나 자신의 이미지는 다른 사람들의 좋은 이미지를 무작정 따라 한다고 해서 형성되는 것이 아니며, 억지로 짓는 미소는 오히려 마이너스 이미지가 되기도 한다. 성공하는 이미지를 만들기 위해서는 자신을 정확히 분석하여 자신의 스타일에 맞는 이미지로 개선하려는 노력이 중요하다 하겠다.

07 시간의 경과에 따라 바뀌는 이미지

흔히 첫인상이 좋으면 끝까지 좋은 결과가 올 것이라고 생각한다. 하지만, 사람을 만나서 시간이 지남에 따라 첫인상도 변화를 한다. 따라서 상대방에게 좋은 인상을 주기 위해서는 이미지를 형성하는 요소들을 시간이 지남에 따라 적절히 활용해야 한다.

첫인상

사람을 처음 만나게 되면 통상적으로 상대방의 표정, 모습, 인사, 자세, 동작 이미지 등 주로 외모에 의해서 상대방을 일방적으로 평가하게 된다. 이러한 처음의 평가는 아주 짧은 5~6초 안에 신속하게 이뤄지며, 외모만을 보고 성격이나 신뢰감에 대한 연상을 일으킨다. 이렇게 굳어진 마음은 만나는 동안 상대방에 대한 긍정적, 부정적인 마음을 갖게 하여 결과에 영향을 미치게 된다.

중간인상

중간인상은 첫인상에 대한 평가에 의해 지속적으로 영향을 받지만, 대화하면서 중간인상에 대한 이미지가 바뀌기도 한다. 만약 첫인상이 나쁘게 인식된 것 같은 생각을 가진 것 같이 느꼈다면 고정관념을 바꿀 수 있는 유일한 시기이다. 반면에 긍정적인 첫인상을 가졌다면 나에 대해서 더욱 긍정적인 생각을 가지도록 강화하는 시기이다.

끝인상

상대방이 긍정적인 생각을 하고 있다는 생각이 들면 의외로 소홀하기 쉽다. 끝인상은 주로 감사 인사, 행동, 전화, 시선 등으로 결정된다. 따라서 끝인상은 긍정적인 중간 인상을 마무리 각인시키는 과정이기도 하며 신뢰감을 형성하는 중요한 요인이 된다. 상대방은 끝인상으로 인하여 지속적인 만남을 가질 것인가를 결정하게 된다.

08 좋은 이미지는 마음에서부터

갓 태어난 아기의 얼굴은 대개 비슷하게 천진난만하고 귀여운 이미지를 하고 있다. 그러나 천진난만했던 얼굴이 성숙해 가면서 여러 가지 외부 환경의 자극에 의하여 정신적인 반응이 얼굴의 근육을 변화시켜 이미지가 점차 변화해 간다. 따라서 우리의 이미지는 선천적이라기보다는 후천적이라 할 수 있다.

사람은 성장하면서 호감이 가는 이미지가 있는가 하면 반면에 마음은 그렇지 않은데 점점 나쁜 이미지를 주는 사람도 있다. 호감이 가는 이미지는 세상을 살면서 인복이 있다는 말을 들을 정도로 주변의 사람들에 의하여 인생이 수월하게 풀려 가는 것을 느낄 수 있다. 그러나 나쁜 이미지를 가진 사람들은 자기를 기피하게 하고 하는 일마다 사람을 잘못 만나서 원하는 목표를 이룰 수 없게 된다.

그래서 링컨은 "40대가 되면 자기 인상에 대하여 책임을 지라"는 말을 하였다. 각자의 이미지는 자신의 삶을 어떤 생각을 가지고 어떻게 살았냐는 것을 반영한다는 것이다. 인생을 살면서 긍정적이고 행복하게 산 사람들의 이미지에서는 행복감과 편안함을 느낄 수 있다. 그러나 삶이 순탄하지 않은 사람들은 이미지에서 그 삶의 고단함을 느낄 수 있다.

얼굴이란 한 송이 꽃과 같아서 관리하는 사람의 관리 부족으로 설령 못생긴 꽃이 피었다 하더라도 그것은 그다지 문제가 될 일이 아니다. 꽃은 시들어도 뿌리가 살아 있다면 관리를 잘해 줌으로써 다시 한번 훌륭한 꽃을 피울 수도 있다. 그 뿌리는 인간으로 치자면 마음이다. 마음을 긍정적으로 갖는다면 뿌리에 기운을 는 것이고 이는 그 사람의 이미지를 성공하는 이미지로 변화시킬 수 있다.

따라서 이제 더 이상 우리의 이미지는 선천적으로 태어날 때부터 가지고 나오는 것이 아니라 성장 과정에 굳어진 것이기에 이제 더 이상 자신의 이미지를 탓하지 말고 지금까지 살아온 삶에 대하여 부정적인 요인들을 제거하여 긍정적인 마음을 갖는 것이 중요하다.

09 좋은 이미지는 만들 수 있다

이미지는 태어날 때부터 주어지는 것이 아니라 후천적으로 자기가 만드는 것이다. 결국 이미지를 좋게 하고 나쁘게 만드는 근본적인 원인은 우리의 마음이라고 할 수 있다. 좋은 이미지를 만들려는 마음이 좋은 이미지를 만들고, 나쁜 마음을 갖게 되면 나쁜 이미지를 만든다. 그리고 아무 생각 없이 인생을 사는 경우에도 이미지는 자신의 삶을 그대로 반영하게 된다.

산에 오르기는 어렵지만 내려오기는 훨씬 수월한 것처럼 좋은 이미지가 나빠지는 건 매우 쉽다. 그러나 나쁜 이미지를 좋은 이미지로 바꾸는 것은 결코 쉬운 일이 아니다. 그러다 보니 단시간에 좋은 이미지를 만들려고 성형 수술까지 하고 있는 것이 요즘의 실태다. 그러나 좋은 이미지란 외적인 용모가 아니라 내적인 마음가짐에서 비롯되기 때문에 성형수술보다는 어떤 생각을 갖느냐가 그 사람의 이미지를 결정한다고 할 수 있다.

좋은 이미지를 가진 사람들의 공통점을 보면 좋은 것만 하려고 하고, 아름다운 것만 보려고 하고, 즐거운 것만 생각하며, 남을 사랑하고, 자신을 희생하며, 겸손하게 산다. 이렇게 긍정적으로 사는 사람의 이미지가 험악할 리 없으며, 건방지고 교만할 리 없다. 이처럼 이미지는 습관이 만들어 낸다. 이미지에는 그 사람의 생각과 경험과 습관이 담겨 있다.

따라서 좋은 이미지를 갖기 위해서는 생활 습관으로 굳어지기 전까지 지속적인 마음의 훈련을 통해서만 도달할 수 있다. 마음의 훈련이란 항상 좋은 것만 하고, 아름다운 것만 보려고 하고, 즐거운 것만 생각하고, 긍정적인 것을 주로 생각하는 마음 자세를 가져야 하겠다.

10 이미지를 좋게 하는 응급조치

이쯤 되면 좋은 이미지를 갖지 못한 사람들은 첫인상을 좋게 할 수 없다는 생각에 스스로 포기하기 쉽다. 그러나 너무 빠른 포기는 하지 마라. 누구든 첫인상을 좋게 하는 간단한 방법은 있다. 다음과 같이 해보라 분명 효과가 있다.

첫째, 이미지가 안 좋으면 옷으로 결점을 커버한다.

옷은 잘 입으면 이미지를 좋게 하나 잘못 입으면 상대방의 감정을 부정적으로 만들 수 있다. 옷이라고 해서 무조건 비싸고 좋은 옷을 말하는 것이 아니라 자신의 분위기나 상황에 맞는 단정하고 청결한 옷을 말한다. 따라서 옷은 만남의 TPO(시간 장소 목적)에 맞게 입어야 한다. 때에 따라서는 화려하고 비싸게 차려입는 옷차림이 본인의 분위기나 상황에 어울리지 않을 수도 있다.

둘째, 미소를 짓는다.

우리는 만나는 사람들과 인사할 때 무표정하게 대하는 경우가 많다. 그러나 성공적인 만남을 가지려면 인사할 때는 밝은 표정으로 미소를 짓는 것이 좋다. 대화할 때는 상대방을 주시하면서 잔잔한 미소를 지어서 상대방에게 호의를 갖고 있음을 나타내 주는 것이 좋다. 누구든 상대방에서 자신을 존중하거나 자신의 말을 미소 지으며 들어 주는 사람을 싫어하는 경우는 없다.

셋째, 처음 만났을 때와 헤어질 때는 악수를 한다.

만나는 상대방이 남성인 경우에는 문제가 없지만 여성인 경우에는 여성이 먼저 악수를 할 때까지 기다리는 것이 에티켓이다. 악수를 할 때는 상대방에게 불쾌하지 않을 정도로 손을 잡을 때도 정성스럽게 잡고 따스한 마음이 전달되도록 3초 정도 잡는다. 악수할 때는 상대방의 눈을 보면서 상대방에 대한 신뢰감과 편안함을 주도록 해야 한다.

넷째, 화장은 적당하게 한다.
 짙은 화장과 진한 향수는 오히려 상대방에게 거부감을 줄 수 있다. 따라서 나만의 개성 있는 모습과 체취와 잘 녹아든 은은한 향기는 남녀를 불문하고 한 번 더 돌아보게 만드는 힘이 있다. 액세서리도 마찬가지다. 너무 현란하거나 화려한 액세서리는 외외로 시선을 분산시키거나 관심을 다른 데 돌리는 역할을 하게 된다. 따라서 현란하거나 화려한 액세서리는 피하는 것이 좋다.

다섯째, 상대방의 말을 경청한다.
 자기 얘기를 많이 하는 사람이 늘어 나는 반면에 상대방의 말을 들어주는 이는 갈수록 줄고 있다. 말을 많이 하게 되면 상대방을 불편하게 하거나 실수를 하기 쉽다. 따라서 많이 말하기보다 상대방에게 기회를 더 주어 많이 들어주면 상대방은 말을 많이 하면서 친근감을 가지게 된다. 또한 상대방의 이야기 중에서 공감하는 이야기에는 긍정적인 찬사를 해주는 것이 좋으며, 상대방이 중요하게 비중을 두어 하는 말에는 후렴을 하는 것이 좋다.

여섯째, 대화할 때는 상대방을 존중하고 있다는 느낌이 들게 한다.
 사람과 만나서 대화가 지루하면 이야기하면서 연방 시계를 보거나, 다리를 덜덜 떨거나, 창밖에만 시선을 두게 되면 상대를 무시하는 이미지를 준다. 그러다 보면 상대방은 불쾌감을 느낄 수밖에 없다. 따라서 대화할 때는 딴짓을 하지 말고 전적으로 진지하게 상대에게 전념하라. 그럼 상대방은 당신을 신뢰하게 된다.

11 외모보다는 표정에 투자하라

혼자 타고 있는 엘리베이터 안에 험한 표정을 가진 사람이 탔다면 같이 있는 동안 두려움에 떨 뿐만 아니라 엘리베이터에서 빨리 나가고 싶은 생각이 들 것이다. 그러나 호감이 가는 표정을 가진 사람이 타면 엘리베이터가 고장 나서 멈추기를 바랄 것이다. 이처럼 호감 가는 밝은 표정을 가진 사람의 주변에는 사람이 모이나 나쁜 표정을 가진 사람에게는 사람을 아무리 원해도 모이지 않는다. 자연히 표정에 따라 행운의 기회도 공평하게 차별적으로 적용된다.

결혼상담소를 찾는 사람들이 사진에서 배우자감을 고를 때 가장 선호하는 유형은 명랑하고 밝은 표정을 가진 얼굴이라고 한다. 아무리 잘생긴 얼굴이라 할지라도 얼굴에 그늘이 스치거나 신경질적인 표정으로 보이면 인기가 없다고 한다. 호감 가는 밝은 표정은 마음가짐의 표현이기 때문에 하루아침에 만들어질 수도 있지만 지속적으로 좋은 표정을 가지려면 날마다 자기관리가 필요하다. 좋은 표정을 위한 자기 관리는 다음과 같다.

- 하루의 얼굴은 전날 밤부터 만들어진다. 푹 자고 일어난 얼굴에는 건강하고 밝은 표정이 감돈다. 그러나 과음을 했거나 푹 자지 못한 얼굴은 피곤해 보이고 어둡다.
- 불쾌한 일을 당했거나 미워하는 사람이 생기면 잠들기 전에 마음을 정리해야 한다. 그렇지 않으면 얼굴이 굳어지게 된다.
- 마음을 아프게 하는 일이 있다면 부정적인 쪽보다는 희망적인 쪽으로 생각도록 한다. 예를 들면 '더 나쁜 일이 생길 걸 이걸로 때웠다'고 생각하자. 이렇게 하루하루 마음을 정리하고, 새로운 출발을 한다면 얼굴은 항상 빛이 날 것이다.
- 항상 긍정적인 생각을 가진다. 긍정적인 생각만 하면 자연히 표정에 여유가 생긴다. 표정에 여유가 생기면 상대방을 편하게 만들어 준다.

12 좋은 표정은 웃음으로부터 시작

　웃는 사람들은 힘든 사람에게 힘을 주고 같이 일하고 싶은 사람으로서 신뢰감을 얻게 될 것이다. 17세기 영국의 철학자 홉스는 "웃음이란 돌연히 나타나는 승리의 감정"이라고 하였고, 18세기 독일의 철학자 칸트는 "웃음은 무엇인가 중대한 것을 기대하고 긴장해 있을 때 예상 밖의 결과가 나타나서 갑자기 긴장이 풀려 우스꽝스럽게 느껴지는 감정의 표현"이라고 하였다.

　어쨌든 웃음에는 웃는 사람이 평정(平靜)한 마음을 가지는 것이 필요하고, 타인과 자신 사이에 일정한 거리를 두고 보는 것이 조건이 된다. 불안과 공포에 시달리거나 격노했을 때, 그리고 누군가를 깊이 동정하거나 불쌍히 여기고 있을 때는 웃음이 나오지 않는다. 따라서 웃음은 안정감과 위험이 없다는 감정을 토대로 한 반응이고, 그중에서도 개인의 유쾌한 체험이며 불쾌감을 쫓아내는 표현이라고 할 수 있다.

　웃음은 호감 가는 이미지를 만들어 줄 뿐만 아니라 정신적, 육체적 건강에도 큰 영향을 준다. 웃음은 정신적 유연성을 불러일으키고 좋은 대인관계를 형성하는 데 도움을 준다. 그리고 웃는 얼굴은 첫 대면에 대한 거부감과 어색함을 없애 줄 뿐 아니라, 상대방을 수용하는 세심한 배려가 되어 일이 원하는 대로 진행되며, 결국은 좋은 운을 만들어 준다. 이렇게 웃음이 좋은 줄 알면서도 항상 웃음을 짓는 사람은 그리 많지 않다.

　슬픈 표정을 짓는 사람을 만나는 사람도 마음이 어두워져 얼굴까지 어두워진다. 그러나 웃는 표정을 짓는 사람을 만나면 같이 즐거워진다. 즐거워서 웃는 것은 누구나 할 수 있는 일이나 항상 웃는 표정을 짓는 것은 어렵다. 그러나 사회적으로 성공하는 사람들은, 그리고 프로들은 웃을 일이 없을 때도 웃는 사람이다.

13 웃음 앞에는 불가능이 없다

요즘 웃음으로 모든 것을 고칠 수 있다고 한다. 실제로 웃으면 병균을 막는 항체인 '인터페론 감마' 호르몬'의 분비가 증가되어 바이러스에 대한 저항력도 향상된다고 한다. 미국 캘리포니아주 로마린다 의대 리버크 교수와 스탠리 교수는 남자 10명에게 1시간짜리 배꼽 잡는 비디오를 보여주면서 보기 전과 후의 혈액 속 면역체 증감을 연구한 결과, 웃을 때 인터페론 감마의 분비가 200배 증가했다는 사실을 밝혀냈다.

이렇게 암도 고쳐주는 좋은 웃음인데도 어른이 될수록 웃음을 잃어가며 산다. 어린아이는 하루에 평균 400번을 웃는데 어른은 평균 15번밖에 웃지 않는다고 한다. 그래서 그런지 우리는 빨리 늙어 가는지도 모른다. 옛말에 일노일노(一怒一老) 일소이소(一笑一少)라 했다. 한 번 화내면 한 번 늙어지고 한 번 웃으면 한 번 젊어진다는 얘기다.

우리 몸은 총 650개 근육으로 되어 있는데, 한 번 큰 소리로 웃으면 이중 231개의 근육이 운동을 하게 되고 얼굴의 근육만도 15개가 운동을 하게 된다. 이상구 박사는 이렇게 큰 소리로 1분 동안 웃으면 10분간 조깅을 한 것과 같아 웃다 보면 건강이 좋아진다고 하였다. 또한 우리의 옛날 속담에 "웃는 얼굴에 침 못 뱉는다"말이 있다. 이 말은 친절한 사람에게는 어느 누구도 관용을 베풀지 않을 수 없다는 것을 의미한다. 결국 자주 웃는 사람은 어른은 물론 동료, 후배들에게까지 인기가 좋고, 그러다 보면 좋은 관계가 형성된다는 것을 의미한다.

우리 주변을 보면 웃는 사람들이 마음이 긍정적이기 때문에 대개 일도 적극적으로 하게 된다. 일을 적극적으로 하게 되는 사람은 남들보다 빨리 승진하거나 사업에 성공한다. 결국 웃는 사람은 남들보다 빨리 승진하거나 사업에 성공할 확률이 높다. 그런 뜻에서 아는 사람을 만날 때나 친절한 사람을 대할 때, 고마움을 표현해야 할 때 의식적으로라도 웃음이나 미소를 지어보자. 웃음이나 미소를 짓다 보면 세상의 그 어떤 완고한 마음도 열리게 된다.

14 미소의 달인 되는 방법

　일본 동경에는 미소만 전문적으로 가르치는 센터가 있는데, 이곳에서는 미소의 종류를 3급수로 나눈다고 한다. 사진을 찍는다고 해서 웃는다고 웃었는데 무언가 어색하다? 이것이 바로 가장 낮은 등급의 미소로 입만 웃는 3등급의 미소라고 한다. 2등급의 미소는 눈과 함께 웃는 미소인데, 눈과 입은 따로 움직일 수가 없기 때문에 눈이 웃으면 자연스레 입도 함께 웃게 된다. 마지막으로 1등급의 미소는 마음까지도 함께 할 수 있는 3박자 미소를 말한다고 한다.

　미소는 소리를 내지 않고 웃는 웃음으로 스마일이라고도 한다. 입가에 머금은 미소는 상대방을 안심시키고 좋은 인상이라는 인식을 심어주어 인간관계 증진을 도모할 수 있게 해준다. 따라서 항상 미소를 머금은 모습을 갖는 것이 좋다. 항상 미소를 갖기 위해서는 연습이 중요하다. 이미지 메이킹 관련 강의를 하는 사람들은 하도 미소를 지어서 깊게 주름이 잡힌 사람들을 볼 수 있다. 그러나 깊게 잡힌 주름도 웃음으로 인해 생긴 주름이라 밉지가 않다.

　편안한 미소를 지을 때, 입술이 이루는 선을 스마일 라인(Smile Line)이라고 한다. 스마일 라인은 치의학 용어지만 매력적이고 아름다운 미소를 이루기 위해, 아름다운 미소는 코, 입술, 턱의 외형과 고르고 하얀 치열, 그것과 더불어 밝고 자신감 있는 표정에 의해 이루어진다. 사람의 인상은 생김새가 아니라 바로 스마일 라인 관리를 어떻게 하느냐에 따라서 인상의 좋고 나쁨이 결정된다.

　가장 보기 좋은 스마일 라인은 U자형 스마일 라인으로서 양쪽 입꼬리가 올라가서 웃을 때 앞니를 드러나게 하는 윗입술과 아랫입술 윗부분이 만드는 형태인데 입꼬리가 눈동자를 향하도록 많이 올라갈수록 보기 좋다. 이러한 U자형 스마일 라인은 연습하면 누구나 가능하다.

U자형 스마일 라인 만들기

U자형 스마일 라인을 갖기 위해서는 입꼬리를 올리는 근육운동과 웃는 연습을 하루에도 여러 차례 꾸준히 해야 한다. 누구든 1~2개월만 지나면 웃는 얼굴이 몰라볼 정도로 매력적으로 변할 것이다.

준비 운동

첫째, 좋은 생각을 한다. 자신이 최고로 행복했던 순간을 떠올려 본다. 3초여도 좋고 몇 개월이 일이여도 상관이 없다.

둘째, 아침 잠자리에서 일어나면 입안에 물을 머금고 양치질하고 난 뒤 헹구는 동작처럼 다섯 번 정도 깨끗이 헹군 후 다시 입 속에 공기를 불룩하게 넣었다 뺐다 하기를 여러 번 반복한다.

셋째, 오른쪽 뺨을 불룩하게 만들어 왼쪽 뺨으로 보내고 왼쪽 뺨에서 다시 오른쪽 뺨으로 보내는 식으로 여러 번 반복한다.

실습

첫째, 스트로우를 입에 물고 최대한 입꼬리에 바짝 가까이 대면 입꼬리가 올라가게 된다. 이때 최대한 예쁘게 웃는다. 우리 몸은 대칭을 이룰 때 그 아름다움이 가장 빛난다고 한다. 하지만 실제로 얼굴근육이 대칭인 사람이 드문데, 스트로우를 사용하는 것은 얼굴대칭을 만들기 위한 기초단계라 하겠다. 다음으로 스트로우를 뺀 상태로 양손가락으로 비대칭으로 내려가 있는 입꼬리를 올려 주는 것도 좋은 방법이다. 이렇게 함으로 해서 뇌는 얼굴근육의 느낌을 기억하게 된다.

둘째, 평소 표정은 무표정이 아닌 '음~'하고 말하는 온화한 표정이어야 한다. 다 같이 따라 해보자. 음~~좋아! 음~~~ 음~

셋째, 작은 미소, 중간 미소, 큰 미소. 지금부터 다양한 표정을 마구 지어본다. 그중에서 자신에게 맞는 자신이 가장 마음에 드는 미소 혹은 표정을 찾아본다.

U자형 스마일 라인 그리기

U자형 스마일 라인이 잘 안 만들어지는 경우는 화장으로 커버를 할 수 있다. 립펜슬이나 립브러쉬를 이용해서 입꼬리에서 입술선 쪽으로 향하게 그려주는 것이 좋다. 그리고 입꼬리에서 2~3mm정도 올려서 입꼬리를 그려주면 입을 다물거나 웃을 때나 입꼬리가 올라가 보여 산뜻해 보인다.

입꼬리를 올려 주는 기초 발성법

얼굴의 근육도 신체의 다른 근육과 마찬가지로 단련하게 되면 얼굴 근육이 발달하게 된다. 주로 무표정한 사람의 얼굴을 보면 어딘지 모르게 탄력이 없어 보인다. 또한 말수가 적은 사람이 많은 사람보다 얼굴에 생기가 없어 보이는 것도 얼굴 근육의 움직임이 적기 때문이다. 따라서 굳어진 얼굴 근육을 전반적으로 잘 움직이게 하기 위해서는 다음과 같은 발성법을 통하여 변화를 가져올 수 있다. '아, 이, 우, 에, 오'보다 2배의 발성 효과를 위해 '하, 히, 후, 헤, 호'를 사용한다.

- 하 : 정면을 향하고 입을 가장 크게 벌리고 '하'하고 소리를 내며 다섯을 센다.
- 히 : 'ㅡ'자를 만드는 느낌으로 '히'하고 소리를 내며 다섯을 센다.
- 후 : 입술을 앞으로 쭉 내밀고 '후'소리를 내며 다섯을 센다.
- 헤 : 입을 'V'자로 만드는 느낌으로 '헤'하고 소리를 내며 다섯을 센다.
- 호 : 입술을 최대한 동그랗게 만들어 '호'하고 소리를 내며 다섯을 센다.

입모양을 맵시 있게 만드는 발성법

첫째, 뚜렷한 입술 선을 만들고 싶다면 한글의 센 발음인 자음 'ㅋ, ㅌ, ㅊ, ㅍ'과 모음 'ㅏ, ㅣ, ㅜ, ㅔ, ㅗ'를 활용하여 '카, 키, 투, 테, 토', '차, 치, 추, 체, 초', '파, 피, 푸, 페, 포'라고 또박또박 정확하게 발음한다.

둘째, 입꼬리를 맵시 있게 끌어 올려주는 단어는 '위스키', '와이키키'이다. 이는 입 주위에 있는 소근육을 발달시키는 발음으로서 입꼬리를 올려주는 효과가 있다.

15 눈도 의사 표현을 한다

얼굴 가운데서도 눈은 '마음의 창'이라고도 한다. 눈을 보면 그 사람을 알 수 있다고 하는 것은 우리가 정보의 80% 이상 눈을 통해서 입수하기 때문인데 우리는 의사소통 과정에서 음성 이외의 거의 모든 정보가 눈을 통해 들어오며 또 눈으로 전달되기 때문이다.

책을 많이 읽은 사람의 눈빛이 다르고 탐욕스러운 눈빛 또한 틀린다. 인자한 사람의 표정과 악독한 사람의 표정도 눈을 통해 알 수 있다. 입은 말로 표현하여 의사를 전달하지만, 눈은 그 자체로 기뻐하거나 분노하거나 슬퍼하거나 즐거워하는 모습을 나타내고 있다. 이처럼 눈은 마음의 상태를 그대로 반영한다. 따라서 눈을 통해 우리는 상대방에 대한 많은 정보를 얻을 수 있기 때문에 처음 보게 되면 눈을 자연스럽게 보게 된다. 의사소통 과정에서 상대의 시선을 통해 말로 표현되지 않는 무관심, 수줍음, 자신감, 긴장감 및 진지함의 정도가 파악된다. 따라서 눈에도 우리가 원하는 표정을 단다면 말을 하지 않아도 모든 일이 쉽게 해결될 수 있다.

시선의 종류로 알아보는 심리상태

- 노려보기 : 상대를 위협하기 위해 시선을 고정시키는 행위
- 두리번거리기 : 호기심을 반영하며 타인의 집이나 방에서는 상대의 환심을 사기 위해 일부러 부러운 눈으로 두리번거리기도 한다.
- 곁눈질하기 : 들키지 않고 뭔가 볼 때, 부끄럽다는 계산된 수줍음의 신호로 사용
- 눈 내리깔기 : 윗사람에 대한 겸손의 신호, 복종심을 나타낸다.
- 눈 들어올리기 : 반항이나 설득과정에서 이의를 제기하거나 무죄임을 주장할 때
- 눈 부라리기 : 상대의 기를 꺾을 필요가 있을 때
- 멍하게 먼 산보기 : 뭔가를 상상하고 있을 때 또는 뭔가를 상상하고 있는 듯한 환

상적인 인상을 심으려 할 때
- 토끼눈 뜨기 : 놀란 때나 상대방에게 놀랐다는 시늉을 전달할 때
- 눈짓(윙크) : 상호간에 공모가 있음을 알리고 남들보다 가까운 사이임을 나타낼 때
- 가늘게 뜨기 : 피로감이나 지속적인 고민이 있음을 표현하기도 하고 상대방에게 측은지심을 발동시키기 위한 의도로 사용됨
- 안쳐다 보기(한눈팔기) : 상대를 경멸하거나 무시하고 있음을 나타내기 위해 시선을 거두는 것
- 깔보기 : 안 쳐다보기보다 더 적극적으로 경멸감을 표현하기 위해 곁눈질로 위쪽부터 훑어보다 아래쪽에서 멈추는 시선

눈은 부드럽고 온화하게

아름다운 표정을 가지려면 입 주위 못지않게 눈의 표정도 중요하다. 그러나 눈 또한 처음부터 원하는 표정을 갖기 어렵다. 따라서 눈에서 표정을 나타내려면 눈도 표정 연습을 해야 한다. 눈에 직접적으로 물리적인 훈련을 적용할 수는 없으므로 심리적 자극을 주는 방식으로 훈련한다. 먼저 거울을 보면서 자신의 눈이 웃을 때와 웃지 않을 때가 어떻게 다른지 체크해 보고 의식적으로 눈의 변화를 시도해 보는 것이다.

- 먼저 눈썹만 상하로 움직여 주는데, 눈썹을 힘껏 위로 올린 상태에서 다섯을 세고 원래대로 돌아와 세 번 반복한다. 이 운동은 눈매를 부드럽게 해준다.
- 눈동자를 시계방향으로 세 바퀴 돌려주고 다시 반대 방향으로 돌려준다. 이 운동은 눈동자를 생기 있게 하고 눈의 피로를 풀어준다.
- 눈동자를 3시 방향에서 9시 방향으로 1분간 왕복운동하고, 12시 방향에서 6시 방향으로 왕복운동을 하여 눈동자를 생기 있게 하고 눈의 피로를 풀어준다.
- 사시 연습을 해보는 것인데 검지손가락 끝을 양 눈 사이 10㎝ 앞에서 50㎝ 앞으로 왔다 갔다 하면서 응시한다. 이 운동은 까만 눈동자와 눈언저리 근육을 단련시켜 준다.

제9장
비즈니스 매너

01 에티켓(Etiquette)

에티켓 의미를 알기 위해서는 에티켓이란 단어의 어원에서 그 의미를 찾아볼 수 있다. 에티켓 어원의 출현은 17세기 루이 14세 시절, 워낙 궁중에서의 법도나 규칙이 엄격하고 복잡했기 때문에 그 내용들을 적어 성안 뜰에 붙여 두거나 궁중에 출입하는 사람들에게 유의할 사항이나 예의범절을 나누어주었다는 데서 그 어원이 출발하였다고 한다. 그러나 여기에서도 에티켓이 오늘날 사용하는 의미로 변화를 가져온 원인으로 다음의 두 가지로 압축할 수 있다.

첫째는 'Estiquier(붙이다)'라는 프랑스어 고어에서 유래되었다고 한다. 이것은 옛날 프랑스에서 베르사이유 궁전을 보호하기 위하여 궁전 주위의 화원에 말뚝을 박아 울타리를 해놓고 행동이 나쁜 사람들이 화원에 들어가지 못하도록 표시를 붙여놓은 것이 어원이 된 것이라 한다. 후에 단순히 '화원출입금지'라는 뜻뿐만 아니라, 상대방의 '마음의 화원'을 다치지 않는다는 의미로 자리잡게 되었던 것이 오늘날 널리 사용되고 있는 에티켓이라는 말의 유래인 것이다.

둘째는 궁정에 초대된 사람들에게 궁전 내에서 유의할 사항이나 예의범절이 수록된 표(Ticket)을 주는 데서 유래되었다고 한다. 이것이 나중에 궁중의 예법이 되었다. 얼마 뒤에는 궁정인이나 각국 대사의 순위를 정하고, 이에 따른 의례나 범절을 정하는데 사용되었다고 한다.

그리고 세월이 흘러 현대에서 에티켓의 의미는 특정한 곳에서 개인 생활이나 사회생활을 하는데 있어 반드시 지켜야 할 약속이라고 해석되고 있다. 즉, 여러 가지 장소나 상황, 대상에 따라 정해진 규칙과도 같은 것이라 할 수 있다. 에티켓은 나라마다 공통점과 차이점이 있어서 글로벌 에티켓(Global Etiquette)이란 단어가 생겨나기도 하였다. 에티켓은 후천적인 것으로 맘만 먹으면 얼마든지 책이나 전문가를 통해서 습득할 수 있는 것이기도 하다.

02 매너(Manners)

　매너는 원래 라틴어인 Manuarius에서 생겨났는데, 이는 사람마다 가지고 있는 고유한 습관이나 몸가짐으로 해석되고 있다. 흔히 "매너가 좋다" 또는 "나쁘다"라고 표현되기도 하는데, 이는 상대방에 대한 마음 씀씀이나 어떤 일에 대하여 나타나는 태도나 습관 등을 말한다.

　매너는 에티켓과는 차이가 있는데, 에티켓이 어떤 상황이나 대상에 대해 '지켜져야 하는' 조금은 복잡한 규칙과 같다면, 매너는 상식적이고 일반적인 태도에서 보다 상대방을 고려는 것이라고 볼 수 있다.

　매너는 태어나 자라면서 오랫동안에 걸쳐 가정교육과 학교 교육과정 중에 형성되기 때문에 쉽게 변하지 않는 개인의 성격과도 같다. 따라서 에티켓은 쉽게 배울 수 있는 것이지만 매너는 쉽게 고쳐지기가 어렵다. 좋은 매너를 갖기 위해서는 어려서부터 가정교육부터 이루어져야 하겠다.

　좋은 매너를 갖는 것이 불가능한 것만은 아니다. 많은 노력이 들겠지만, 성인이 되어서 좋은 매너를 가지려면 그동안 자신이 가졌던 태도나 가치관을 회사가 원하는 형태로 만들기 위하여 부단한 훈련이 필요하다 하겠다.

03 서비스(Service)

우리는 일상생활에서 서비스를 흔히 "무상으로 제공되는 것", "고객을 대응하는 자세나 태도", " 타인에 대한 봉사" 등의 의미로 사용한다. 그러나 이것은 서비스의 일상적인 의미이지 서비스의 정의라고 보기는 어렵다. 왜냐하면 이러한 말에는 서비스의 본질적인 특성을 체계적으로 반영하고 있지 못하기 때문이다.

서비스의 어원적인 의미는 라틴어 '세르부스(servus, 노예)'와 영어의 'servant(종)', 'servitude(종의 생활)', 'servile(종처럼 생활하는)' 등에서 기원했다고 한다. 이처럼 서비스라는 말은 "사람에게 종처럼 시중을 든다"라는 뜻으로 뉘앙스가 썩 좋은 이미지를 갖지 못하는 것 같다. 그러나 이를 현대적으로 해석해 본다면 서비스는 "자기의 정성과 노력을 남에게 베풀어 보람과 만족을 느끼는 것"이라고 정의할 수 있다.

친절 서비스란 상대방을 위하는 마음을 바탕으로 하여 정성된 마음을 담아 응대함으로써 상대방이 편안하고 고맙게 느낄 수 있도록 지속적인 노력을 기울이는 활동이라고 정의할 수 있다. 이는 고객과의 만남을 통하여 고객이 매우 의좋고 부드러운 느낌을 갖도록 정성을 다하여 응대함과 동시에, 고객의 뜻을 좇아 움직여 줌으로써 고객의 욕구가 충족되고 즐거운 기분이 되도록 하는 것이다. 또한 친절은 남에게 보상을 바라지 않고 호감과 기쁨을 주고 고마움을 느끼게 하기 위한 정성된 마음가짐과 몸가짐이라고도 한다.

그리고 기본적으로 서비스는 주고받는 과정에서 그 내용이 풍부해지고 감동 또한 깊어진다. 그런데 이러한 상호 흐름이 이루어지지 않거나 일방적으로 한쪽으로만 흐를 때 서비스는 성공적으로 이루어질 수 없고 기계적인 행위의 반복에 머물러 결과적으로 고객 만족은 이루어질 수 없게 된다.

04 인사 예절

인사란 말 그대로, '사람 인(人)', 과 '일 또는 섬길 사(事)'가 합쳐진 말로써, 사람이 마땅히 하여야 할 일이요, 사람을 섬기는 일을 뜻한다. 따라서 인사란 '사람의 일의 시작이며 끝'이요, 모든 사람의 일 중에 으뜸이다. 또한 스스로를 낮추며 남을 높이는 인사를 통하여 '사람다운 사람'이 될 수 있다.

사람은 누구든지 사람을 처음 만나면 인사로 서로의 관계를 시작한다. 우리가 절(인사)을 하는 것은 예절 중에서 가장 기본이 되며 또한 우리의 마음을 밖으로 나타내는 수단이며 방법이다. 또한 상대방에 대하여 우러나는 존경심과 반가움을 나타내는 표시이다. 절은 마음의 표시이므로 인사말과 자세가 바르게 표현되어야 한다.

처음으로 직장생활을 하면서 사회생활을 하게 되는 신입사원들이라면 직장에서의 인사법을 어떻게 배우고 어떻게 실천할 것인지 당혹스럽기 마련이다. 하지만 인사성, 인사하는 습관 하나만으로도 자신의 직무 능력을 평가받을 수 있음을 잊어서는 안 된다. 인사는 상대방에게 마음속으로부터 우러나오는 존경심과 친절을 나타내는 형식이며, 인간관계를 원활하게 하는 중요한 매너이다.

인사는 상대방을 위하기보다는 나 자신을 위한 것이다. 습관화된 인사는 그늘진 성격을 밝게 해주고, 소극적인 사람을 적극적으로, 정적인 사람을 동적으로, 우울한 사람을 명랑한 사람으로, 꽉막힌 사람을 탁트인 사람으로 만들어 준다.

인사의 중요성
- 상대의 인격을 존중하는 경의 표시
- 정성의 마음으로 하는 친절과 협조의 표시
- 응답보다는 자기가 하는 데 의의
- 즐겁고 명랑한 사회생활, 원만한 대인관계 유지

인사의 시기

- 일반적으로 30보 이내(인사 대상과 방향이 다를 때)에 도달하면 인사한다.
- 인사하기 가장 좋은 거리는 6보(인사 대상과 마주 칠 때) 정도다.
- 측방으로 지나가거나 갑자기 만났을 때는 즉시 인사한다.

일반적인 인사요령

- 상체를 숙일 때 시선은 발끝에서 약 1m 앞에 머물도록 하고, 인사 전후로 상대의 시선에 부드럽게 초점을 맞춘다.
- 머리만 숙이지 말고 허리와 일직선이 되도록 상체를 숙인다.
- 다리를 가지런히 하고 무릎 사이는 가능한 붙인다.
- 손은 양옆에 붙인 채, 몸을 자연스럽게 따라 숙인다.
- 숙일 때보다 조금 느린 속도로 몸을 일으켜 다시 상대방의 눈을 본다.
- 주고받는 인사말은 "안녕하십니까?", "반갑습니다" 정도로 한다.

05 인사 예절

90° 의식경례
- 혼인례, 상장례, 제의례에서 전통 배례가 아닌 경례를 할 때는 윗몸을 90° 굽히는 의식경례를 한다.

45° 큰경례 : 정중한 인사
- 일반적인 인사에서 정중함을 나타내는 인사법
- 손님을 맞이할 때 45° 인사가 적당하다.
- 또한 고객을 전송하거나 상사가 퇴근할 때도 정중하게 인사한다.
- 사죄시, 국빈, 국가원수, 집안어른, 결혼식 등에서 하는 인사
- 남자는 인사를 차려 자세에서 주먹 안쪽을 바지 재봉선 상에 가볍게 대고 허리에서 상체를 45°로 숙인다.
- 여성은 차려 자세에서 오른손의 엄지를 왼손의 엄지와 검지 사이에 끼워서 오른손이 왼손을 덮도록 하여 손이 겹쳐진 채로 하복부에 가볍게 대고 상체를 숙인다.

30° 평경례 : 보통인사
- 일반적인 인사로 일상생활에서 어른이나 고객에 대한 인사
- 허리를 30° 정도로 숙이는 일반적인 인사
- 팀장급 이하의 상사가 출퇴근 할 때,
- 동료 직원이 출근할 때,
- 상사에게 지시나 보고를 받을 경우,
- 복도 등에서 상사를 만났을 때 하며 직장에서 가장 일반적으로 이용되는 인사이다.
- 앞의 45° 인사와 같으며 상체만 30°로 숙이는 것이 다르다.

15° 반경례 : 간단한 인사

- 서서 15°정도로 숙이는 가벼운 인사
- 복도나 실내에서 상사, 동료, 부하직원을 만났을 때
- 출입문 통과시, 협소한 장소, 복도 등에서 사용하는 인사
- 아랫사람, 낯선 어른에 대한 인사
- 물건을 양손에 들고 있을 때,
- 두 번 이상 만났을 때,
- 작업 중일 때,
- 근무 중에 동료를 찾아가거나 찾아 왔을 때,
- 동료보다 먼저 퇴근할 때 등에 이용되는 인사의 자세이다.
- 가볍게 머리를 숙이는 눈인사로 남자는 차려 자세로, 여자는 손을 모아서 하복부쯤에 두고 밝은 표정을 15°정도 굽힌다.

10° 목례 : 약식 인사

- 가슴을 펴고 10° 각도로 상반신을 수그린다.
- 용건을 묻는 자세, 대답을 듣는 자세로 적당하다.
- 웃어른이 아랫사람에게 답례
- 조금 전에 만난 분이거나 낯선 사람일지라고 복도나 계단, 엘리베이터 등에서 만났을 때
- 또 가까운 사람 사이에 가볍게 하는 간략한 인사
- 앉아서 15° 정도 고개를 숙이는 목례
- 앉아서 일하는 도중이라거나 자리에서 일어나기가 부득이할 때 사용

06 상황별 인사 예절

구분	내용
상사나 동료들과 하루에 여러 번 만날 때 인사	• 처음 만났을 때는 정중하면서도 밝고 명랑하게 인사를 하고, 다시 만나게 될 때는 밝은 표정과 함께 가볍게 목례를 하는 것이 좋다.
어떤 일을 부탁하거나 물어볼 때 인사	• 먼저 "실례합니다." 또는 "죄송합니다."라는 말로 시작한다는 것을 잊지 말아야 한다. • 물어본 것이 이루어졌을 때 또는 물어본 것을 상대편에서 가르쳐 주었을 때도 "감사합니다." 등의 말을 잊지 않는다.
상대방이 일하고 있는데 말을 걸 때 인사	• "일하시는 중에 죄송합니다만." 또는 "방해를 해서 죄송합니다만." 이라고 꼭 인사를 해야 한다. • 그 외 타인에게 폐를 끼쳤을 때는 꼭 "미안합니다", "실례했습니다"라고 솔직히 사과를 해야 한다.
사람을 부를 때	• 직위를 붙여서 부르는 것이 원칙이다. • 복지관내에서는 "김 팀장"혹은 "김 팀장님"이라고 부르고 직위가 없는 선배나 동료를 부를 때 "김 선생님"혹은 성과 이름 밑에 분명히 씨를 넣어 부른다.
자기를 누가 부를 때	• 바로 "예"라고 명랑하게 대답하고 상대방을 향해 얼굴을 돌려야 한다. • 옆 또는 아래를 보고 대답을 하면 실례가 된다. • 근무 중이거나 또는 얼굴을 돌릴 수 없을 때는 "미안합니다, 잠시만 기다려 주십시오"라고 말하고 곧 일을 정리한 후 부른 사람에게 가서 용건을 들어야 한다.

	• 또한 상급자가 부를 때는 그 상급자의 책상 앞까지 가서 용건을 듣는 것이 원칙이다.
작업 중일 때의 인사	• 작업 중에는 인사할 정도의 여유가 있다면 상황에 맞게 가볍게 목례를 한다. • 그러나 도저히 인사를 할 수 없는 경우에는 하지 않아도 좋다.
모르는 사람이 인사하는 경우	• 우선 인사를 한 후에 주위 사람에게 누구인지 물어보고 다음에 마주쳤을 때 가벼운 인사말을 먼저 건네면 더욱 좋을 것이다.
화장실에서의 인사	• 화장실에서는 인사하지 않는다. • 다만 눈이 마주칠 경우 목례한다.

07 출퇴근 인사 예절

구분	내용
출근 인사	• 상급자, 선배, 동료들에게 "안녕하십니까?"라고 명랑하고 쾌활하게 인사한다. • 윗사람이 출근하면 일어서서 인사를 한다. • 늦었을 때는 상사 앞에까지 가서 사유를 겸손하고 분명하게 말한다.
퇴근 인사	• 서로 수고의 위로로 인사를 나눈다. • 아랫사람이 윗사람에게 '수고하셨습니다. 수고하세요' 인사는 사용하지 않는다. • 상사가 일이 끝나지 않았는데 먼저 나갈 경우 '아직 일이 많으신가 보지요. 제가 할 일은 없는지요.' 하는 것이 예의다.
외출 시	• 외출할 때는 가능하면 미리 상사에게 말한다. • 반드시 언제, 어디로, 무슨 일로 가는 것을 서면으로 혹은 구두로라도 보고 하고 나간다.
휴가를 얻을 때	• 휴가를 꼭 내야 할 때는 복지관에서 정해진 휴가 신청서를 내며 휴가를 얻기 위해 그 정당한 이유를 상급자에게 보고해야 한다. • 그리고 본인의 휴가 중 회사에 누가 되지 않고 주위 사람들에게 폐가 되지 않도록 하는 배려가 필요하다. • 병이나 그 외 급한 일로 결근하게 될 때는 출근 시간에 맞춰 전화 연락을 해야 한다. 이 때는 상급자에게 연락하는 것이 원칙이다.

08 호칭 예절

사람을 부르거나 가리키는 호칭은 사람 간의 접촉이 급속도로 증가하고 인간의 생활패턴이 다양화되면서 점점 복잡해지고 있다. 더욱이 회사마다 직장 내에서 직위나 직책에 따라 부르는 호칭은 매우 다양하다. 최근 윗사람에 대한 존대 의식의 저하나 핵가족화의 진전에 의한 가족제도의 변화에 따라 전통적인 호칭의 체계 마저 흔들리고 있다. 그중에서도 특히 신세대들은 사회 경험 부족으로 회사 내에서 마땅한 호칭을 찾지 못하여 의사소통이 제대로 이루어지 못하는 문제가 발생하고 있다. 그리고 핵가족과 전통사회의 변질에 따른 친족 호칭에 대하여서도 정확히 알지를 못하고 있다. 따라서 회사 내의 직원들에 대한 호칭 방법과 사회생활을 하면서 접하는 인간관계에서 친족에 대한 소개를 할 때 필요한 친족 호칭 방법에 대하여 알아보면 다음과 같다.

회사 내 호칭

상대방에 대한 호칭은 인격과 관련되어 있다. 호칭을 어떻게 부르냐에 따라 그 사람의 인격이 올라가고 때로는 인격적인 모욕을 당하는 경우가 많다. 따라서 우리가 호칭을 어떻게 부르냐에 따라서 상대방이 나에 대한 이미지가 어떻게 굳어지는가를 느낄 수 있다. 말 한마디가 천냥 빚을 갚는다는 말이 있다. 마찬가지로 직장이나 사회생활 속에서 호칭하나가 나의 인생을 결정할 수 있는 중요한 기회가 될 수 있다.

구분	내용
상급자	• 상사에게는 성과 직위 다음에 '님'의 존칭을 붙임 예「이과장님」,「정부장님」

	• 성명을 모르면 직위에 '님'의 존칭을 붙임 예「부장님」,「과장님」 • 다른 부서의 상급자는 부서명을 위에 붙임「인사부장님」,「총무과장님」 • 상급자에게 그 하급자이면서 자기에게는 상급자를 말할 때는 '님'을 붙이지 않고 직책과 직급명만을 말함 예「최과장께서 지시한 일이 있었습니다」 • 상사에게 자기를 호칭할 때는 '저' 또는 성과 직위나 직명을 사용한다. 예「이부장」,「상담실장」
하급자 동급자	• 하급자나 동급자 간에는 성과 직위 또는 직명으로 호칭 예「이부장」,「재가팀장」,「이예절씨」 • 초면이나 선임자일 경우에는 '님'을 붙이는 것이 상례 • 직책이나 직급명이 없는 하급자는 성명에 '씨'나 '여사'를 붙임 • 하급자라도 자기보다 연장자이면 높여서 말한다. 예「이선생」,「박형」,「조여사님」 • 하급자가 미성년자이거나 10년 이상 연하인 미혼자이면 성이나 성명에 '군', '양'을 붙임
틀리기 쉬운 호칭	• 상사에 대한 존칭은 호칭에만 쓴다. 예 사장님실 → 사장실 • 문서에는 상사의 존칭을 생략해도 실례가 아님 예 사장님 지시 → 사장 지시 • 본인 입석 하에 지시를 전달할 때는 '님'을 붙임 예 사장님 지시사항을 말씀드리겠습니다. • 공식 석상에서는 '님'자를 생략한다.

친족 호칭

　직장생활을 하다 보면 직원들에게 가족이나 친척들의 이야기를 해야 할 때가 있다. 가족이나 친척은 같은 조상으로부터 태어난 한 핏줄에서 자신과 가장 가까운 사람들을 말한다. 그런데 가족이나 친척에 대한 호칭을 잘못 표현함에 따라 지금까지 가졌던 이미지를 깨고 버릇없이 자랐거나 가정교육이 제대로 안 된 사람으로 낙인이 찍힐 우려가 있다. 따라서 친척들에 대한 호칭에 대하여 정확히 알아서 정확한 호칭을 하는 것이 성공하는 직장인의 자세라 할 수 있다.

촌수 따지는 법

- 친척 간의 멀고 가까운 친소(親疎)는 촌수로 따지며, 상대와 자기와의 관계를 말할 때는 친척 관계로 한다.
- 직계 가족과의 촌수는 자기와 대상까지의 대수(代數)가 촌수이다. 즉 아버지와 아들은 1대니까 1촌이고, 할아버지와 손자는 2대니까 2촌이다.
- 방계 가족과의 촌수는 자기와 대상이 어떤 조상에게서 갈렸는지를 먼저 알고 자기와 조상의 대수에 그 조상과 대상의 대수를 합해서 촌수로 한다. 즉 형제자매는 아버지에게서 갈렸는데 자기와 아버지는 1대이고 아버지와 형제 자매는 1대니까 합해서 2촌이고, 백숙부와 자기는 할아버지에게서 갈렸는데 할아버지와 백숙부는 1대이고 할아버지와 자기는 2대니까 합해서 3촌이 된다.
- 나이가 많은 8촌 이내의 방계 존속이 나이가 적은 8촌 이내의 방계 비속이나 그 아내의 절은 답배하지 않는다.
- 8촌 이내의 방계 존속이나 비속의 관계라도 비속이나 그 아내가 나이가 많으면 반절로 답배해야 한다.
- 형이나 누님은 8촌 이내의 남동생이나 여동생의 절은 답배하지 않는 것이 원칙이지만 나이 차이가 5년 이내이며 서로 늙은 처지이면 반절로 답배한다.
- 시누이와 올케, 시숙과 계수, 동서 간에는 평절로 맞절을 한다.

근친 촌수와 계보

- 호적법상으로 가족은 큰아들, 큰손자로 이어지는 혼인한 직계와 그에 딸린 혼인하지 않은 방계 혈족을 말한다.
- 우리가 흔히 근친이라 말하는 집안은 고조할아버지 이하의 조상을 직계 할아버지로 하는 8촌 이내의 모든 사람이다. 이 근친을 한 집에서 산다는 의미로 당내간(堂內間)이라고 하고, 죽으면 상복을 입는 친척이라는 뜻으로 유복지친(有服之親)이라고도 한다.

09 소개 예절

 사회생활을 하게 되면 인간관계가 넓어지고 다양한 조직에 관련되게 된다. 또한 취미와 관련되어서 다양한 활동을 하게 된다. 사람이 처음 만나는 곳에서는 서로 소개를 하게 된다. 자기에 대한 소개는 일생에 중대한 자신을 PR할 수 있는 기회이다.
 소개는 비록 몇 초안에 끝나지만 이러한 때 확실한 자신의 소개로 인하여 뜻하지 않은 능력을 인정받아 승진하거나 거래가 성사되는 경우가 많다. 그러나 대부분 사람들은 자기소개를 하라고 하면 쑥스러워해서 소극적으로 또는 형식적으로 하게 된다. 그렇다면 자기에게 주어진 절대 기회인 PR의 기회를 놓치게 된다. 따라서 자기소개를 미리 준비하여 올바른 자세로 정확히 한다면 뜻밖의 행운이 찾아오게 될 것이다.

자기소개
 자기소개 시에는 남들에게 첫인상이 좋아지도록 정확한 발음과 올바른 자세로 자신감 있게 자기를 소개한다.

- 만남에 대한 간단한 긍정적인 감정 표현을 한다.
- 믿음직하고 자신감 있게 자기소개를 말한다. 소개 시간이 다소 많이 주어지면 자신의 특이한 경력이나 이력 등을 소개하고 소개 시간이 짧거나 소수의 사람들에게 소개할 경우에는 이름만 이야기한다.
- 이름 앞에 자기의 애칭이나 한마디로 자신을 표현할 수 있는 호칭을 사용하는 것도 인상을 깊게 만들 수 있는 좋은 방법이다.
- 만남에 대한 겸손한 자기 다짐 또는 기대 등의 의지 표현으로 인상이 깊게 한다.

예 1) "안녕하십니까? 여러분을 만나게 되어 반갑습니다(긍정적인 감정). 저는 ㅇㅇ회사 ㅇㅇㅇ입니다. 저는 긍정적인 사고를 가지고 도전하면 살고 있습니다.(자기소개). 여러분들의 많은 지도 부탁드립니다. 열심히 하겠습니다(의지 표현)".

예 2) 여기 오면서 보니 벚꽃이 아름답게 피었더군요. 여러분들도 보셨나요?. 저는 ㅇㅇ회사에 근무하는 귀염둥이 ㅇㅇㅇ입니다. 저는 무에서 유를 창조하는 능력을 가지고 있습니다. 여러분들과 같이 무에서 유를 창조할 수 있는 기회가 있으면 좋겠습니다."

남을 소개할 때

상대방의 이름은 충분히 주의해 듣고, 잘 기억해 둔다. 잘 기억하지 못하는 경우 소개할 사람의 이름과 직장, 취미나 특기, 장점 등을 메모 해두었다가 소개할 때 사용한다. 남을 소개할 때는 진지하게 소개하여 소개받는 사람을 위축시키지 않는다. 이때 과장되지 않는 소개는 소개받는 사람을 자신 있게 만들 수 있다. 그러나 과장된 소개는 소개받는 사람을 더욱 곤경에 빠뜨리게 할 수 있다. 여러 사람을 소개할 경우는 특정인에 치우쳐서 칭찬하지 말고 형평에 맞게끔 칭찬을 해야 한다.

예 1) "ㅇㅇ씨 소개하겠습니다. 이쪽은 ㅇㅇ기업에 근무하고 있는 ㅇㅇ씨이다. 등산 실력이 대단하며 무슨 일이든 열심히 하시는 분입니다"

예 2) "우리 회사에서 빼놓을 수 없는 ㅇㅇ씨, 소개하겠습니다. ㅇㅇ씨는 영어 실력이 유창하셔서 여러분들의 업무에 많은 도움을 드릴겁니다"

소개 순서

- 지위가 낮은 사람을 높은 사람에게 연소자를 연장자에게 소개한다.
- 남자를 여자에게 먼저 소개한다.
- 지위도 연령도 같을 경우는, 자신과 친한 사람을 먼저 상대에게 소개한다.

- 소개를 통해서 지금까지 알지 못하던 사람들과 친해지고 서로 이야기를 나눌 기회가 생기는 것이므로, 소개자는 공통의 화제를 찾아 얘기의 실마리를 엮어 나가도록 마음의 배려를 하는 것이 필요하다.

회사소개

때로는 직장 밖에서 생소한 사람들을 대상으로 자기소개와 함께 자기가 몸담고 있는 회사를 소개해야 할 경우가 생긴다. 이때 청취자들은 나의 회사에 대한 애정이나 소속감 같은 것을 알 수 있어 나에 대한 평가를 내릴 것이다. 또한 같은 회사의 상사들이 배석하게 된다면 나의 능력을 평가하는 기회가 될 것이다. 따라서 자기가 소속한 회사를 소개할 때는 주인의식을 가지고 평이한 단어로 정확하게 기관이나 회사의 운영 목적과 전반적인 사업을 소개하도록 한다.

예 1) "제가 몸담고 있는 ㅇㅇ기업은 국민의 식생활 보호와 건강을 위하여 제과나 빵을 가정으로 배달하는 역할을 수행하여 주부들의 일손을 덜고 식단의 과학화를 이루어 나가고 있습니다"

예 2) "저희 ㅇㅇ기업은 신속한 서비스를 바탕으로 국가 경제에 이바지하고 있으며, 직원들 간에 친목이 좋기로 소문이 나 있으며, 관리자분들도 친형님과 같은 우애를 자랑하는 회사이다. 이러한 회사에 여러분들을 모시고 싶습니다"

10 악수 예절

악수는 자기 표현이고 상대방과 뜻을 같이한다는 것이며 손을 잡음으로써 마음의 문을 열고, 흔들면서 일체감을 나타내는 의미가 있다. 악수는 절은 아니지만 반가운 인사의 표시로 행하기 때문에 절의 일종으로 간주한다. 따라서 악수를 할 때의 예절을 지키지 않으면 상대편이 불편해할 수 있으며, 나에 대한 좋지 않은 감정을 가질 수 있다.

악수하는 방법

방법	내용
손잡는 법	• 상대의 얼굴을 주시하면서 웃는 얼굴로 악수해야 한다. • 손을 너무 세게 쥐거나 손끝만 내밀고 악수해서는 안 된다. 쥐는 힘이 약하면 성의가 없다고 생각한다. 손을 적당한 정도의 힘으로 잡는다. • 계속 손을 잡은 채로 말을 해서는 안 되며, 인사만 끝나면 곧 손을 놓는다. • 상대방이 손을 내밀고 기다리지 않게 한다. • 악수할 때 허리를 굽혀 인사하는 것은 불필요하다.
몸가짐	• 두 손으로 잡거나 허리를 너무 굽히지 않는다. • 윗사람과 악수할 때는 윗몸을 약간 굽혀서 경의를 표해도 좋다. • 손을 흔들어서는 안 되며 아첨이나 비굴한 모습을 보여서는 안 된다.
요청	• 악수는 윗사람이나 여자가 먼저 청하는 것으로 아랫사람이 손을 먼저 내밀어서는 안 된다. • 윗사람이나 여자에게 먼저 악수를 청하지 않는다. • 윗사람이 요청이 있으면 목례로 경의를 표하면서 성심껏 응한다.

장갑을 착용한 때	• 예식용 장갑은 벗지 않아도 된다. • 방한용 장갑은 벗고 악수한다. • 상대가 낀 채로 요청하면 낀 채로 응해도 무방하다.
상대방이 부부 동반 할 때	• 부부의 경우 남자와 먼저 악수하는 것이 예의다 • 상대방이 여자가 먼저 요청해 올 경우 남편보다 먼저 응해야 여성에 대한 예의이다.
물건을 휴대하고 있을 때	• 오른손에 물건을 들고 있을 때는 빨리 왼손으로 옮기거나 땅에 놓고 악수를 청하거나 응해야 한다. • 오른손에 들고 있다고 해서 왼손을 내밀어 악수를 청하는 것은 예의에 어긋난다.

악수 시 유의 사항

- 상급자가 먼저 청해야 아랫사람이 악수할 수 있다.
- 남녀 간의 악수도 상하의 구별이 있을 때는 상급자가 먼저 청해야 한다.
- 같은 또래의 남녀 간에는 여자가 먼저 청해야 악수한다.
- 동성 간 또는 또래의 악수도 선배 연장자가 먼저 청해야 악수한다.
- 상대의 얼굴을 주시하면서 웃는 얼굴로 악수한다.
- 악수에 대비해서 오른손에 들었던 물건을 왼손에 미리 고쳐 든다.
- 손을 너무 세게 쥐거나 손끝만 내밀고 악수해서는 안 된다.
- 장갑 낀 손, 땀에 젖은 손으로 악수해서는 안 된다.
- 예식용 장갑은 벗지 않아도 되며 방한용 장갑은 벗고 악수를 하여야 한다. 상대편이 장갑을 낀 채로 요청하면 낀 채로 응하여도 좋다.
- 계속 손을 잡은 채로 말을 해서는 안 되며, 인사만 끝나면 곧 손을 놓는다.
- 아랫사람은 악수하면서 허리를 약간(15° 이내)굽혀 경의를 표해도 좋다.
- 악수를 하면서 왼손으로 상대의 손등을 덮어 쥐면 실례이다. 그러나 상급자가 아랫사람에게 그렇게 하는 것은 깊은 정의 표시로 양해된다.

11 명함 예절

　직장 생활은 대인관계로 이루어지고 대인관계는 상호간의 만남에서 시작된다. 서로의 만남에서 자기를 소개하는 대표적인 것이 명함이다. 명함은 자기 소개이면서 얼굴이다. 따라서 명함을 교환하는 것은 자기의 모든 것을 나타내는 것이라고 할 수도 있으므로 명함교환 시 이에 대한 예절을 지키는 것이 매우 중요하다.

　명함은 프랑스 루이 14세 때 화려한 파티문화로부터 시작되었다고 알려지고 있다. 귀부인들이 트럼펫 카드에 자신의 이름을 써서 왕에게 전하여 자신을 알리는 수단으로 사용하던 것이 바로 명함의 시작이다. 명함의 최초의 시작이 중국이라는 이야기도 있는데, 중국에서는 그 사용 용도가 달랐다. 중국인들은 아는 사람의 집을 방문했을 때 상대방이 부재중이면 이름을 적어 남겨두었는데 채륜이 종이를 발명한 시점이 AD105년임을 감안하면 중국인들이 사용한 그것이 오늘날 명함의 용도와 일치하는지 확인할 수는 없다.

　명함을 통하여 인상 깊은 만남을 갖게 하려면 명함을 제작할 때부터 인상 깊게 만들어서 수 많은 명함 중에서 내 명함을 기억하도록 해야 한다. 그리고 명함을 서로 교환 시에는 "만나 뵙게 되어 기쁩니다."라고 인사를 하는 것이 좋다.

명함을 줄 때
- 자기를 먼저 소개하는 사람이 자기의 명함을 두 손으로 명함의 위쪽을 잡고 정중하게 건넨다.
- 한쪽 손으로는 자기의 명함을 주면서 한쪽 손으로는 상대의 명함을 받는 동시교환은 부득이한 경우가 아니면 실례이다. 만일 상대가 먼저 명함을 주면 그것을 받은 다음에 자기의 명함을 준다.

- 상의에서 꺼내며 상대방 보다 먼저 꺼낸다.
- 아랫사람이 윗 사람에게 먼저 내민다.
- 자기의 이름이 상대방에게 보이게 하고 오른손으로 내민다.
- 의자에 앉아서 명함을 줄 때는 반드시 일어서서 "○○기관 ○○○○이다."라는 통성 명을 한다.
- 상대가 두 사람 이상일 때는 윗사람에게 먼저 준다.
- 만일 명함이 없으면 "죄송합니다. 마침 명함이 없는데 다른 종이에 적어드려도 되겠습니까?"라고 사과를 겸해 의견을 묻는다. 상대가 원하면 적어준다.

명함을 받을 때

- 명함을 받은 사람은 두 손으로 명함의 아래쪽을 잡아서 받는다.
- 혹 한 손으로 받는 경우는 오른손으로 명함의 오른쪽 귀퉁이를 잡고 왼손으로 오른손을 받친다.
- 받은 명함은 상의 윗주머니에 넣는다.
- 명함을 맞교환 할 때 왼손으로 받고 오른손으로 건넨다.
- 받은 명함은 그 자리에서 보고, 읽기 어려운 글자가 있을 때는 바로 물어본다.
- 초면에 인사를 나누었을 때는 만난 일시, 용건, 소개자, 대화 중의 특징, 인상착의 등을 뒷면에 메모하여 다음 만남 기회에 활용하도록 한다.
- 자신보다 상대가 먼저 명함을 건넬 경우 상대방의 명함을 받은 후에 건넨다.
- 명함을 받은 뒤 곧바로 셔츠의 윗 주머니에 꼽거나 지갑에 넣으면 안된다.
- 상대에게 받은 명함은 공손히 받쳐들고 상세히 살핀 다음 정중하게 간수한다.
- 한자로 된 명함을 받고 글자를 모르는 경우는 물어봐도 결례가 되지 않는다
- 상대에게 받은 명함에 모르는 글자가 있으면 정중하게 물어보고 헤어진 다음에 정리한다.

12 파티 매너

직장 생활을 하다 보면 여러 종류의 연회나 파티에 참석해야 하는 경우가 많다. 시무식 파티, 종무식 파티, 신 점포 개설 파티.등의 업무적인 파티와 주로 접대나 회의를 겸하여, 호텔이나 레스토랑, 요릿집 등에서 열리는 연회 등이 있다. 파티문화의 출발은 사교를 목적으로 출발하게 되며, 사교를 목적으로 하기에 상대방에 대한 배려(매너)가 매우 중요하다고 본다.

사람을 사귀는데 파티보다 더 좋은 장소와 공간은 없다고 본다. 그러나 연회나 파티의 매너는 그 형식이나 격식을 까다롭게 따지는 경우가 많다. 따라서 좋은 관계를 맺으러 온 파티에서 매너를 잘 몰라 오히려 기존에 가지고 있던 좋은 감정마저도 손상당할 수 있다. 그러므로 직장인으로서 매너를 익혀 놓는 것은 단순히 창피함을 면하는 것뿐만이 아니고 회사의 명예를 높인다는 점에서 매우 중요하다.

파티에 참가할 때의 복장과 몸가짐

자신에게 맞는 복장과 몸가짐은 타인에게 자신만의 특별한 이미지를 각인시켜 호감을 유발한다는 점에서 세밀한 준비가 필요하다. 자신에게 맞는 화사한 화장법과, 헤어스타일, 의상 등을 준비하되 파티의 성격에 맞는 테크닉이 필요하다.

화장법

파티는 다소 이벤트적인 성격을 가지고 있다. 따라서 평상시의 화장보다는 수수함보다 화려하게 해야 한다. 바탕화장을 다른 때보다 진하게 하고 그 위에 볼터치를 통해 강조할 부분을 터치해주는 것이 좋다. 좀 더 튀고 싶으면 펄이나 시머를 일정 부분에 발라 주는 것도 고려해볼만 하다. 그러나 화려함을 목적으로 한 화장이 천박하게 하거나 전체적으로 조화를 이루지 못하면 수수한 화장보다 나쁜 결과를 가져온다.

향수는 가볍게 목뒤에 뿌려 은은하게 하는 것도 좋으며, 평상시에 하지 않던 손톱도 화장 톤과 비슷한 매니큐어를 바르는 것도 보기 좋다.

헤어스타일

여성스러운 분위기를 강조한 굵은 웨이브를 머리 끝부분에 주어 로맨틱한 인상을 준다. 전체적으로 헤어 로션을 바른 뒤 롤을 말아 굵고 둥글게 물결치는 웨이브를 만든다. 긴 생머리라면 세팅을 하거나 고대기로 컬을 만들어 보자. 너무 컬을 많이 주지 말고 고대기를 1~2분 정도만 하면 가장 자연스러운 분위기를 낼 수 있다.

머리끝이 지저분해지지 않도록 헤어 에센스를 손끝에 묻혀서 촉촉하게 발라 준다. 옆머리는 보이지 않는 실핀으로 살짝 마무리하거나 큐빅이 달린 핀을 꽂아 주어 여성스럽고 깔끔한 분위기로 마무리한다.

복장

서양에서는 파티를 하기 전에 꼭 초청장을 보내는 데 초대장에 복장에 대한 표시를 한다. 대부분 화이트 타이에 테일 코트, 블랙 타이에 턱시도를 입고 파티에 참석해 달라는 의미이다. 포멀 디너 재킷인 턱시도는 미국에서 부르는 명칭이며 유럽에서는 '스모킹' 영국에서는 '디너재킷'이라고 불린다.

정찬에서의 복장은 정해져 있는 것은 아니지만 몇 사람이 동석하여 식사를 할 때 다른 사람에게 불쾌감을 주지 않는 최소한의 복장예절을 지켜야 한다. 양복 같은 것은 지장이 없으나 상의와 하의는 동일 소재와 색상으로 한다. 여성은 미니스커트나 바지, 부츠 등을 착용하지 않는다. 고급 식당에 운동복 차림이나 등산복 또는 노타이 차림으로 입장하면 거절당하는 수도 있다. 이것은 나만을 위한 장소가 아니라 대중을 위한 장소이기 때문이다.

참고 문헌

강문경(2022). 四季節 이미지 適用한 퍼스널컬러 네일아트 디자인. 제주대학교 석사 학위논문.

김내은(2011). 헤어컬러스타일링을 위한 퍼스널컬러 진단시스템 활용. 경의대학교 대학원 석사학위논문.

김민정(2017). 이미지메이킹 서비스 개선을 위한 디자인 전략 방안 연구. 이화여자대학교 석사학위논문.

김민주(2015). 퍼스널 컬러 인식이 메이크업행동과 대인관계 호감도에 미치는 영향. 성신여자대학교 융합디자인예술대학원 석사학위논문.

김보나(2022). 퍼스널컬러의 색채 특성 : Jackson(1980)의 사계절 제안색을 중심으로. 이화여자대학교 석사학위논문.

김정임(2017). 헤어직무 종사자들의 퍼스널컬러 헤어적용에 대한 연구. 한남대학교 석사학위논문.

구회영(2020). 퍼스널컬러를 활용한 반영구 화장 색소 제안에 관한 연구, 신라대학교 석사학위논문.

노주현(2022). 퍼스널컬러 유형에 따른 포인트 컬러의 배색 특징. 홍익대학교 석사학위논문.

류순희, 한지수(2021). 퍼스널 컬러 인식이 아이섀도와 립스틱 컬러 선정 및 메이크업 만족도에 미치는 영향. 한국화장품미용학회.

문선희(2022). 퍼스널 컬러의 네일 및 패디큐어 적용이 뷰티스타일에 미치는 영향. 건국대학교 박사학위논문.

문혜림(2019). 퍼스널컬러의 변화를 헤어컬러중심으로 적용한 남·여의 인상형성의 차이. 한남대학교 석사학위논문.

박규림(2019). 퍼스널컬러가 심리적·신체적 자아존중감에 미치는 영향. 홍익대학교 대학원 석사학위논문.

박민정(2022). 퍼스널 컬러 인식 차이에 따른 웨딩메이크업·네일아트 선호도에관한 연구. 한남대학교 대학원 석사학위논문.

저자 소개

김선미

저자는 서정대학교 뷰티아트학과를 졸업하고, 국민대학교 경영대학원에서 뷰티경영학석사 학위를 받았으며, 백석대학교 대학원 뷰티예술트랙에서 박사학위 과정 중에 있다. 몰리뷰티샵 원장, 국민대학교 평생교육원 외래교수, 경희대학교 K뷰티전문가과정 외래교수, ABC미용장아카데미 부원장, 누네아르미용학원 부원장으로 근무하였으며, 현재는 뷰티랜드 대표, 국제전문예술가연합회 이사, 한국뷰티 심리상담협회 회장, 한국뷰티컨설팅대표로 서정대학교 겸임교수로 뷰티 예술인들을 양성하고 있다. 또한 저자는 오랫동안 뷰티 현장에서 일한 경험을 바탕으로 풋케어, 핸드케어, 이어케어 관련 뷰티케어 프로그램을 개발하여 전국의 평생교육원과 대학교에서 특강을 진행하고 있다.

자신감을 높이는
뷰티 테라피와 뷰티 심리상담

초판1쇄 인쇄 2024년 7월 25일
초판1쇄 발행 2024년 7월 25일
지은이 : 김미선
펴낸이 : 류윤엽
출판사 : 핸뉴북스
주소 : 서울, 종로구 사직로8길 4, 광화문 스페이스본 101동 204호
전화 : 02-732-0202
e-mail : yoony1015@naver.com
등록번호 : 제(979-11) 988330호
※ 잘못된 책은 바꾸어 드립니다.
※ 무단복제를 금합니다.

바코드 9791198845450
ISBN 979-11-988454-5-0[13180]

값 18,000원